CAMBIANDO LA MANERA EN QUE HACEMOS IGLESIA

8 PASOS PARA UNA REFORMA CON PROPÓSITO
SEGUNDA EDICIÓN

JOHN W. STANKO

Cambiando la Manera en que Hacemos Iglesia, Segunda Edición
por John W. Stanko
Copyright ©2021 John W. Stanko

ISBN 978-1-63360-175-8

Todos los derechos reservados. Este libro está protegido bajo las leyes de copyright de los Estados Unidos de América. Este libro no puede ser copiado o reimpreso con fines comerciales o por ganancias propias.

Todas las citas de las Escrituras han sido tomadas de La Santa Biblia, Nueva Versión Internacional Versión®, NIV®. Copyright © 1973, 1978, 1984, 2011 por Bíblica, Inc.™ Usado con permiso de Zondervan. Todos los derechos reservados en todo el mundo. www.zondervan.com La "NVI" y la "Nueva Versión Internacional" son marcas comerciales registradas en la Oficina de Marcas y Patentes de Estados Unidos por Bíblica, Inc.

Las citas de las Escrituras han sido tomadas de La Nueva Biblia Americana Estándar® (NASB), Copyright © 1960, 1962, 1963, 1968, 1971, 1972, 1973, 1975, 1977, 1995 Usado con permiso de la Fundación Lockman. www.Lockman.org.

Las Escrituras marcadas RV han sido tomadas de la Biblia Reina Valera 1995 de dominio público.

Para Distribución Mundial
Impreso en U.S.A.

Urban Press
P.O. Box 8881
Pittsburgh, PA 15221-0881 USA
412.646.2780
www.urbanpress.us

Al pastor Rock Dillaman, los ancianos, pastores, personal y miembros de la Iglesia Allegheny Center Alliance en el lado norte de Pittsburgh, PA. Gracias por darme la bienvenida a la familia ACAC en 2001. Fue un honor servir con ustedes en el personal desde 2009-2014 y seguir siendo parte de la familia de la iglesia ACAC hoy. Oro para que juntos continuemos aprendiendo y luego hagamos la iglesia de la manera en que Dios quiere que se haga. ¡A Dios sea la gloria!

INTRODUCCIÓN

Una de las ventajas de envejecer es que se tiene más experiencia. Una de las desventajas de envejecer es que se tiene más experiencia. Estoy envejeciendo a medida que reviso este libro que escribí por primera vez cuando tenía 59 años. Ahora tengo 70 años. He estado involucrado en el trabajo de la iglesia por poco menos de 50 años y he visto muchas cosas: lo bueno, lo malo y lo feo, se podría decir. Eso es tanto una ayuda como un obstáculo mientras continúo mi trabajo en la iglesia y vuelvo a escribir este libro. Ser mayor es una ayuda porque puedo conectar y comparar más fácilmente lo que observo ahora con cosas del pasado y tengo más experiencias pasadas que puedo relacionar con el presente. Mi experiencia me permite evaluar y tomar decisiones efectivas con mayor rapidez. Cuando hablo, la gente tiende a escuchar, dispuesta a darme el beneficio de la duda de que puedo saber de lo que estoy hablando. Después de todo, piensan, él es mayor, así que debe ser más sabio. Sin embargo, envejecer es un obstáculo porque uno empieza a pensar: "Lo he visto todo. He visto esto y es malo (o bueno)". Como he pasado por más, puedo ser más cínico, desconfiado, impaciente y cauteloso. Nunca he hablado con nadie que haya trabajado en una iglesia y en algún momento no le haya sucedido algo que fuera hiriente, incluso devastador. Cuando era joven, podía permitirme ser idealista. Ahora que soy mayor, no tengo tiempo que perder buscando posibilidades a largo plazo. Me interesa mucho más la realidad.

Sin embargo, si vamos a discutir la Iglesia y lo que se necesitaría para reformarla, que es lo que discutiré en este libro, entonces debemos hablar de ideales, porque el ideal es la visión y el modelo a partir del cual construimos y trabajamos diariamente. Nací en 1950, así que me crie en el idealismo. Como estudiante universitario en los años 60 y 70, formé parte de la generación que quería reformar el gobierno, la educación y cualquier otra institución que pudiéramos tener en nuestras manos. Luego conocí al Señor en 1973 y transferí mi enfoque de reforma a la Iglesia, reaccionando a la "religión establecida", buscando más bien romper y construir lo que llamamos iglesias del "Nuevo Testamento" que reflejaran con mayor precisión lo que vimos en el libro de Hechos.

El experimento con esas iglesias del Nuevo Testamento ha sido más duro de lo esperado. Pensamos que, si nos sentábamos en círculo, tomados de la mano y cantando nuestro coro favorito, todo iría bien. Pero no era así. Sabíamos que éramos vasijas de barro, pero subestimamos cuán terrenales éramos. Al mismo tiempo, sobrestimamos la voluntad del Espíritu de anular cuán "terrenales" somos. Por lo tanto, sucedieron algunas cosas que nuestro idealismo dijo que nunca sucederían, como el abuso sexual, la traición, la mala gestión financiera y el nepotismo. Cuando lo hicieron, muchos de los soldados de Dios desaparecieron en acción o se unieron al ejército de los enemigos de la Iglesia.

Experimentamos el dolor de una comunidad abortada cuando las personas se pusieron de acuerdo con el único fin de hacer división, a veces por asuntos triviales (y otras veces por asuntos más serios). Tuvimos que soportar la ignominia del escándalo tras el escándalo público cuando pastores, tele-evangelistas y otros líderes demostraron que nuestro idealismo y confianza en ellos estaban fuera de lugar. Hoy en día, conozco a muchos que han decidido dejar de lado los "asuntos de iglesia" y simplemente adorar a Dios en la seguridad de la soledad, o en el relativo anonimato de las iglesias que no son visibles ante la comunidad.

En 2001, mi mundo se vino abajo cuando dejé una iglesia y a un hombre con el que había estado asociado durante

27 años. Fue doloroso. No he entrado ni entraré en detalles en este libro ni en ninguna otra publicación. Baste decir que la transición de esa situación me puso a prueba hasta lo más profundo de mi ser. Fui probado en los valores que tenía y que había enseñado como las misiones, dar a la iglesia e incluso la asistencia a la iglesia. Mi idealismo naufragó y se deshonró y no sabía si lo quería de vuelta.

Sin embargo, a pesar de todo, puedo decir que mi esposa y yo nunca dejamos de asistir a un servicio dominical en una iglesia local después de nuestra transición, a pesar de que llegamos cojeando y sangrando. Pasamos la prueba y en 2009 me encontré de nuevo siendo parte del personal de la iglesia como pastor administrativo con énfasis en la formación de discípulos, que terminó (bien, debo agregar) en 2014. He recorrido un largo camino, pero de alguna manera, estoy de regreso donde comencé en 1973, con un fuerte compromiso con la iglesia local y su papel en la extensión del Reino de Dios en la tierra.

Cuando mi mundo terminó, por así decirlo, en 2001, tuve que empezar de nuevo en el ministerio, construyendo nuevas relaciones y encontrando mi voz, (el mensaje que tenía que entregar sin rencor ni amargura). Como lo había perdido todo y a todos, comencé a incursionar en la tecnología sin ser un "técnico". Todo lo que entendí entonces y ahora es dónde está el botón de encendido en mis herramientas y juguetes tecnológicos, así que digamos que mi curva de aprendizaje fue empinada. Cuando escribí la primera edición en 2009, ni siquiera pensé en incluir una sección sobre tecnología, porque mi confianza en ese ámbito aún era limitada. Me sentí como el candidato menos probable para dar una conferencia al cuerpo de Cristo sobre cómo usar las redes sociales, que solo tenían unos pocos años.

Mi compromiso con la Iglesia y el Reino me ha llevado a escribir este libro, titulado "Cambiando la Forma en que Hacemos la Iglesia: Siete Pasos para una Reforma con

Propósito" (esta versión revisada agregará un octavo paso). Escribo precisamente porque soy mayor y he visto mucho. Sin embargo, todavía creo que Jesús dio su vida para construir la Iglesia, así que no puedo ofrecer nada menos. Escribo este libro porque me he hecho mayor, he formado parte de la "junta directiva" de la Iglesia durante muchos años, y comparto la responsabilidad de sus fracasos. Por lo tanto, debo desempeñar un papel en la construcción de su futuro, tan descalificado e inadecuado en algunos aspectos como creo que debo hacerlo.

Los Siete Pasos (ahora unidos por un octavo paso) que presenté en la primera edición son el resultado de viajar cuatro millones de millas desde 1989 visitando iglesias y ministerios en los Estados Unidos y alrededor del mundo. Escribo habiendo servido como pastor asociado, líder de grupo familiar o celular, pastor principal, pastor administrativo, pastor ejecutivo, orador itinerante, director de una organización sin fines de lucro (ONG, para mis lectores no estadounidenses), profesor universitario, autor y miembro de la iglesia. desde 1973. Me he desempeñado como consultor de iglesias y estoy certificado para administrar un cuestionario que perfila el Desarrollo Natural de la Iglesia (DNI), lo que he hecho para 50 iglesias. He servido en numerosas juntas directivas y he escuchado miles de sermones, algunos buenos y otros no tan buenos. He predicado con los mismos resultados vez tras vez

Obtuve un doctorado de una institución no acreditada y corregí ese error al obtener un título de doctor en ministerio del Seminario Teológico Presbiteriano Reformado en Pittsburgh en 2011. He leído o escuchado cientos de libros que cubren una variedad de temas y autores desde la física cuántica hasta el Dalai Lama (aunque todavía no entiendo de qué está hablando; supongo que no estoy iluminado). Pasé un total de cuatro años en el extranjero entre 2001 y 2009, principalmente en África, por lo que mis conclusiones y sugerencias no se basan solo en la experiencia estadounidense. Créeme que cuando escribo sobre ese idealismo en lo que se refiere a la iglesia y el no vivir a la altura de esos ideales no son fenómenos americanos.

He sido pionero en un mensaje de "propósito" y he escrito extensamente sobre ese tema, mientras realicé 3.500 entrevistas sobre "propósito" y sesiones de coaching desde 2001 (lo sé porque mantuve registros cuidadosos). He visto de primera mano lo poderoso que puede ser el mensaje de "propósito". Mucho de lo que escribo enfatizará varios aspectos del propósito y cómo pueden contribuir a un movimiento de reforma de la iglesia muy necesario. Con asombro y dolor, he visto a grandes líderes y ministerios autodestruirse al fallar en uno o más de los "tres grandes": sexo, dinero y poder. Sorprendentemente, en mi experiencia, el "poder fallido" ha sido más frecuente que los otros dos, sexo y dinero.

Relataré mis crónicas de tecnología y redes sociales en la nueva sección de este libro que se dirige a esas dos entidades. He hecho mucho en esa área desde 2009, y realmente comencé en 2001, dando algunos pasos de bebé que me han llevado a donde estoy hoy. Mientras escribo, me siento en mi oficina en casa y envío mensajes, videos, transmisiones, libros y clases desde mi escritorio y esos medios llegan a personas de todo el mundo. Cuando la pandemia COVID-19 golpeó en 2020, no me perdí ni un segundo porque estaba preparado para utilizar todos los medios a mi disposición para continuar mi trabajo sobre "propósito". Escribo más sobre eso en la nueva sección.

No estoy alardeando cuando te digo dónde he estado y lo que he hecho. Sólo estoy recordando en parte por mi propio bien, intentando hablarme a mí mismo para reescribir este libro. Además, no quiero que aceptes lo que presento sólo porque esté escrito, pero tampoco quiero que los descartes. Son el resultado de mucho pensamiento, oración, éxitos y errores, incluso si parecen desorientados o fuera de la marca de tu estimación.

Permítanme decirles que no tengo ninguna iglesia en mente cuando escribo este libro. He estado en suficientes iglesias para recopilar una historia de muchas fuentes. Las historias que incluyo son reales, pero a menudo son una combinación de múltiples situaciones de la iglesia, por lo que ningún ejemplo se extrae de un escenario de una sola iglesia. Los nombres se han cambiado para proteger a los culpables y, a veces, yo era el líder culpable en los ejemplos utilizados.

Es una declaración precisa de que los Ocho Pasos que recomiendo se derivan de la realidad de que hay una crisis de liderazgo en la Iglesia moderna. Hace algunos años, escribí un libro titulado "Tantos Líderes, Tan Poco Liderazgo". El mensaje de ese libro es más aplicable hoy que cuando lo escribí. Hay un precio para convertirse y luego ser un líder eficaz de la obra de Dios. Requiere una mentalidad diferente y estudiaremos algunas de las directrices bíblicas de liderazgo a medida que avanzamos en este libro. Si se van a dar los ocho pasos, será por un liderazgo radicalmente nuevo de lo que experimentamos actualmente en la Iglesia.

He descubierto que muchos se determinan desde el principio a ser buenos líderes o mejores líderes de lo que habían experimentado anteriormente. El problema es que ellos han decidido ser mejores líderes en un mal sistema con un paradigma defectuoso de lo que es y hace un líder. La respuesta no es ser un líder más amable y gentil, sino ser el líder radicalmente diferente que nuestro Dios espera y las Escrituras exigen. Los tiempos no exigen menos.

Existe el viejo dicho de que, si quieres lo que siempre has tenido, sigue haciendo lo que siempre has hecho. Si queremos ver algo diferente en la Iglesia, entonces debemos hacer algo diferente a lo que estamos haciendo. Presento estos Ocho Pasos con la esperanza de contribuir al diálogo de liderazgo que se está librando ahora mismo en Internet y en los círculos y seminarios de la iglesia. También sé, con base en mi experiencia, que la aplicación de cualquiera (si no todos) de estos Ocho Pasos acercará a tu iglesia al modelo bíblico sobre el que leemos y estudiamos en el Nuevo Testamento. Aplicarlos a tu propia vida producirá nada menos que un avivamiento personal.

Permítanme agregar que cuando digo "iglesia" o "Iglesia", lo hago con la comprensión de que hay muchas iglesias y expresiones de iglesias en el mundo de hoy. Los categorizaría por su modo de adoración como, litúrgico o basado en la Palabra: iglesias que siguen un orden de servicio establecido con poca predicación y enseñanza o iglesias que tienen un orden establecido que generalmente culmina en una larga lección extraída de la Biblia. Las etiquetas católicas o protestantes no funcionan realmente, hay algunas iglesias protestantes que tienden a ser más litúrgicas, aunque no hay iglesias católicas basadas en la Palabra. Mi mundo ha sido el de las iglesias evangélicas no litúrgicas, de modo que a eso me refiero en este libro. Creo que las iglesias litúrgicas pueden y deben basarse en los Ocho Pasos con la mayor frecuencia posible, porque son las iglesias litúrgicas las que están experimentando la mayor crisis en este momento.

Permítanme decir tres cosas más al cerrar esta introducción y comenzar el libro. Yo formaba parte del personal de la Allegheny Center Alliance Church (ACAC) (Iglesia Alianza Central Allegheny) en Pittsburgh cuando escribí la primera edición. Estos Siete Pasos se desarrollaron y enseñaron mucho antes de que yo me uniera al personal, por lo que este libro no es una declaración sobre mis amigos o para ellos. Apliqué algo de lo que presento en mi puesto en ACAC y compartiré algunos de los resultados que vi durante mi gestión.

En segundo lugar, he incluido, a sugerencia de mi primer editor (esta segunda edición se publica a través de mi propia empresa), un conjunto de preguntas de discusión al final de cada capítulo. He incluido preguntas que puedes hacerte sobre ti mismo y preguntas que serían buenas para discusiones en grupos pequeños con amigos o colegas. Si tu iglesia se toma en serio la adopción de uno o cualquiera de los ocho pasos, estas preguntas te guiarán a lo largo del proceso.

Concluyo la segunda sección con el Capítulo Once, donde describo tres pasos simples que cualquier iglesia puede aplicar ahora y que mejorarán su capacidad para tener más propósito y abrazar el espíritu de los Ocho Pasos al mismo tiempo. La nueva tercera sección sobre tecnología comienza con el Capítulo 12, junto con más preguntas para ayudarte a pensar detenidamente y, con suerte, a aplicar los conceptos que presento. Luego termino con algunas adiciones en el Apéndice donde explico con más detalle los conceptos de aumento, auto promoción, marketing con permiso y lo que llamo las métricas del discipulado.

Finalmente, espero que te sientas libre de escribirme con tus comentarios y sugerencias que fortalecerán y mejorarán lo que escribo en "Cambiando la Manera en que Hacemos Iglesia". Mi información de contacto se incluye al final de este libro, y espero poder involucrarlos en el viaje de la reforma. El trabajo de reforma es difícil y no es bonito, pero es un esfuerzo de equipo y espero que este libro te inspire a unirte a mí en la reforma de la Iglesia de Jesús para que se convierta en lo que Él pretende que sea.

John W. Stanko
Pittsburgh, PA EE. UU.
Abril de 2009 (primera edición)
Septiembre de 2020 (segunda edición)

SECCIÓN UNO

UN NUEVO LIDERAZGO

PECADORES EN LAS MANOS DE UN LÍDER ENOJADO

Hace unos años, visité una iglesia grande para reunirme con el personal por recomendación de un colega. El objetivo era darle al pastor algunos comentarios y recomendaciones sobre las fortalezas y debilidades de su personal después de que mi colega me informó que la iglesia estaba en crisis. Lo que encontré cuando llegué fue algo sorprendente, pero demasiado típico.

Después de hacer un perfil del personal y hacer algunas presentaciones públicas, comencé a reunirme uno a uno, primero con el pastor y luego con cada miembro del personal. Durante esas reuniones, descubrí mucha desconfianza, ira y miedo. Aunque la iglesia tenía toda la apariencia de éxito (grandes instalaciones, servicios múltiples, programas multifacéticos), había una gran insatisfacción e incluso disensión en medio de ella.

Le presenté mi informe al pastor después de dos días,

y su respuesta fue de rabia al borde de la furia. Dijo: "No hay ningún problema aquí, especialmente conmigo o con mi estilo de liderazgo. El problema es el personal. Ellos son perezosos. Les estoy dando nombres de personas y no están haciendo un seguimiento para construir esta iglesia. La respuesta no es que yo entienda sus diferentes personalidades y estilos, como sugieres. La respuesta es que debería despedirlos a todos ".

Me pagaron por mi tiempo (un cheque acorde con lo que el pastor pensaba de mis servicios), agradecí la visita y me despidieron un día antes de lo planeado. Sin embargo, lo que sucedió mientras caminaba hacia mi auto fue aún más revelador. Muchos miembros del personal me agradecieron por venir mientras salía por la puerta de mi auto. Un hombre dijo: "Eres uno de los pocos que alguna vez le ha hablado honestamente [al pastor]. Puede ser muy malo, y la iglesia está dirigida por algunos de sus favoritos".

Otro comentó: "Necesitamos lo que has hecho. ¡Haremos todo lo posible para que regreses lo antes posible!" Uno más dijo: "Esta es la primera vez que puedo recordar una comunicación abierta y honesta entre el personal". Pero me fui, sabiendo que nunca me invitarían a regresar a esa iglesia, pero no fue así.

Para que se apliquen los ocho pasos de la reforma de la iglesia que esbozo en este libro, debemos verlos como herramientas para abordar la profundidad de la crisis de liderazgo en la iglesia y la sociedad de hoy. También tendremos que enfrentar el hecho de que el liderazgo de servicio es muy deficiente en la mayoría de los lugares, incluso en la Iglesia. Sabemos cómo hablar y predicar sobre el amor y el servicio a los demás y tenemos un montón de libros sobre liderazgo, pero no sabemos cómo combinar los dos en un concepto llamado liderazgo de servicio.

Según la mayoría de los informes que veo, la asistencia a la iglesia sigue disminuyendo y la pandemia de 2020 no va a aliviar esa tendencia. Nos quejamos de que la Iglesia no puede competir con las tendencias modernas que hacen que el servicio religioso sea como asistir a un partido de béisbol: largo y monótono. En lugar de trabajar para hacer que los servicios sean más relevantes o enérgicos, algunos líderes han optado por duplicar lo que siempre han hecho mientras confían y esperan un avivamiento espiritual que entusiasme e inspire a las personas a regresar a sus bancas. Me temo que estamos esperando y orando por algo que nunca sucederá o por algo que solo puede suceder si hacemos algunos cambios y nos transformamos, lo que yo llamo una reforma.

ESTILO AUTORITARIO VS LIDERAZGO DE SERVICIO

El trabajo y la pasión de mi vida son ayudar a las personas a encontrar su propósito. Para que las personas encuentren su propósito, necesitarán líderes que sepan cómo enfocarse en las personas y no personas que se enfoquen en los líderes. Si las personas van a cumplir su propósito, necesitarán líderes que tomen en serio la descripción del trabajo para los ministerios del apóstol, profeta, evangelista, maestro y pastor:

> Él fue quien dio a unos para ser apóstoles, a otros para profetas, a otros para evangelistas y a otros para pastores y maestros, *para preparar al pueblo de Dios para las obras de servicio, a fin de que el cuerpo de Cristo sea edificado* hasta que todos alcanzar la unidad en la fe y en el conocimiento del Hijo de Dios y madurar, alcanzando la medida completa de la plenitud de Cristo (Efesios 4: 11-13, énfasis agregado).

Quiero ayudar a los líderes a comprender lo destructivo que puede ser un estilo de mano dura y enojo tanto para ellos mismos como para las personas que dirigen. Quiero que las personas que están experimentando esta forma de abuso se den cuenta de que este no es el estilo de liderazgo respaldado por Dios. Quiero que aquellos que son llamados, pero que aún no están en posiciones de liderazgo, formulen una filosofía de liderazgo más suave y parecida a la de Cristo, convirtiéndose en líderes servidores en el proceso.

Este problema, sin embargo, no se limita a la Iglesia. Escándalos comerciales recientes, quiebras bancarias y pagos de bonificaciones por resultados falsos muestran que el liderazgo autoritario está vivo y coleando en el mundo empresarial. Las fallas gubernamentales en todo el mundo también apuntan a las fallas de liderazgo de los funcionarios electos. Las tasas de participación de votantes indican que muchos votantes han optado por salir del proceso democrático.

Sin embargo, por el bien de esta discusión, limitaremos nuestro enfoque a la Iglesia, sabiendo que las lecciones deben ser aprendidas por todos los líderes, tanto dentro como fuera de la Iglesia. Si la Iglesia reforma y produce líderes piadosos, esos líderes pueden y encontrarán su camino en todos los ámbitos de la vida. ¿No conduciría eso a una transformación social saludable?

En el contexto de la Iglesia, a menudo encontramos un hombre o una mujer fuerte, generalmente el fundador o alguien relacionado con el fundador, que ha construido la iglesia mediante una mezcla de dones y personalidad. A veces nos encontramos con una junta autoritaria que controla al pastor y gran parte de lo que sucede en la iglesia. Este líder o junta ejerce estilos de liderazgo autoritarios que recuerdan a Moisés o los profetas del Antiguo Testamento. Y ese es el problema: debido a que este estilo a veces se describe en la Biblia, se asume que es piadoso. No lo es.

En realidad, Moisés y los profetas eran líderes siervos. Influyeron en lugar de controlar, y tuvieron que confiar en el Señor para los resultados de su liderazgo. Fue escrito de Moisés, "Moisés era un hombre muy humilde, más humilde que cualquier otro sobre la faz de la tierra" (Números 12: 3). La versión King James traduce la palabra humilde como manso.

Esto indica que alguien puede ser un líder fuerte y eficaz que se ocupa de las cosas de Dios sin ser autoritario.

El problema con un estilo autoritario es que, si bien puede ser útil construir una iglesia a un cierto tamaño, no es eficaz en la gestión de la iglesia una vez que intenta crecer más allá de ese tamaño. Es más, ese estilo tiende a "morder" a las personas que intentan servir a la visión del líder.

LA IRA Y EL ESTILO AUTORITARIO

He descubierto que la característica dominante de este estilo de liderazgo es la ira, y por eso he titulado este capítulo, "Pecadores en manos de un líder enojado". Quizás reconozcas que el título es una variación del famoso sermón del siglo XVIII de Jonathan Edward, "Pecadores en las manos de un Dios enojado". He observado una gran cantidad de ira entre los líderes de la iglesia en general. Su ira ha herido a muchos cuyo propósito de vida, dones y experiencia se han perdido o se han visto gravemente obstaculizados mientras intentaban servir a la iglesia.

La Biblia está llena de ejemplos de líderes autoritarios y, en cada caso, la ira caracterizó su estilo de liderazgo y las relaciones con sus equipos de gestión, seguidores y asociados. Veamos rápidamente algunos de estos líderes:

1. **Moisés.** Moisés fue un producto de su época y el autoritarismo era la regla del día. Aunque Moisés era manso y un gran líder, es interesante que su ira le impidió entrar a la Tierra Prometida, la meta de su liderazgo. Su enojo lo llevó a tergiversar al Señor cuando estaba tratando con la gente. Después de que el Señor le dijo que le hablara a la roca para que trajera agua, leemos en Números 20:11: "Entonces Moisés levantó el brazo y golpeó la roca dos veces con su vara. El agua brotó y la comunidad y su ganado bebieron". Dios honró el liderazgo de Moisés al proporcionar agua, pero a Moisés no se le permitió entrar a la Tierra. Su problema: la ira.

2. **Rey Saúl.** A medida que Saúl crecía, su ira se hizo más pronunciada. Su hombre número dos de confianza, David, tuvo un gran éxito en la batalla, y la gente lo honró por sus logros. Saúl no compartió el gozo de la gente: "Saúl estaba muy enojado; este estribillo lo irritaba. "Le han atribuido a David decenas de miles", pensó, "pero a mí sólo miles. ¿Qué más puede conseguir sino el reino?" Y desde ese momento Saúl miró con celos a David" (1 Samuel 18: 8-9). La Biblia nos dice que Saúl trató de asesinar a David en tres ocasiones y pasó gran parte de su último reinado persiguiendo a David para eliminar a su heredero al trono.

3. **Herodes el Grande.** Herodes gobernó durante el tiempo del nacimiento de Jesús. La historia nos dice que hizo arreglos para que asesinaran a miembros de su familia y rivales al trono, y luego pasó el resto de su vida lamentándolos. Cuando los magos que vinieron a visitar a Jesús no siguieron sus instrucciones, "él [Herodes] se enfureció y dio órdenes de matar a todos los niños de Belén y sus alrededores que tuvieran dos años o menos" (Mateo 2:16).

4. **Los discípulos de Jesús, Santiago y Juan.** Durante un viaje, los samaritanos impidieron que Jesús y sus discípulos pasaran por su territorio. "Cuando los discípulos Santiago y Juan vieron esto, preguntaron: Señor, ¿quieres que hagamos caer fuego del cielo para destruirlos? Pero Jesús se volvió y los reprendió" (Lucas 9: 54-55). A Jesús no le impresionó la apelación de los hombres a lo que yo llamo una persona del Antiguo Testamento. Algunos líderes se sienten obligados a expresar un estilo severo ya que creen que así es como Dios quiere que sean. Jesús reprendió entonces a sus seguidores por su ira y pensamientos de venganza; Hoy haría lo mismo.

5. **El Sanedrín y el Sumo Sacerdote.** Estos líderes religiosos judíos disfrutaban de su posición de autoridad y se enojaban cuando alguien los desafiaba. Esa es una de las razones por las que mataron a Jesús. Estaban celosos de su popularidad

y enojados porque la gente quería seguirlo. Esta ira también se ve en la muerte de Esteban, el primer mártir. "Cuando ellos [el Sanedrín] oyeron esto, se enfurecieron y le rechinaron los dientes... Al oír esto, se taparon los oídos y, gritando a voz en cuello, todos se precipitaron sobre él, lo sacaron a rastras de la ciudad y comenzaron a apedrearlo" (Hechos 7, 54, 57).

Puedes ver en estos líderes que la ira era su marca registrada. Su ira alimentó los celos, el miedo, la intimidación e incluso las tácticas despiadadas. Los líderes autoritarios tienen poca paciencia con aquellos que no responden rápidamente a sus demandas. Se ven a sí mismos como propietarios y no como administradores y toman la mayor parte de la disidencia como una afrenta personal que requiere una rápida represalia, no sea que la disensión se propague como un virus y su vulnerabilidad quede expuesta.

El problema, por supuesto, es que la mayoría de los seguidores son imperfectos. Es solo cuestión de tiempo antes de que esos seguidores imperfectos provoquen la ira del líder autoritario, de ahí el título, "Pecadores en las manos de un líder enojado". Examinemos un personaje bíblico más y ese es Eliseo, el gran profeta del Antiguo Testamento.

6. **Eliseo, el gran profeta del Antiguo Testamento.** Resucitó muertos, realizó algunos milagros inusuales (como hacer que la cabeza de un hacha de metal flotara en el agua) y entregó la palabra del Señor al pueblo de Dios. Sin embargo, trabajar con Eliseo fue difícil porque tenía mal genio. Históricamente, su temperamento ha sido excusado, pasado por alto e incluso justificado porque era un "profeta del Señor". La suposición común es que las muertes que causó fueron la voluntad de Dios en respuesta a los pecados de los que murieron.

Quiero desafiar la suposición de que fue la voluntad de Dios que esas personas murieran. ¿Qué pasaría si la ira de Eliseo, junto con su poder profético, de alguna manera liberara una maldición sobre las personas que se suponía que debía bendecir? ¿Qué pasaría si la Biblia, al informar sobre las acciones de Eliseo, no las respaldara, sino que simplemente las informara como hechos históricos? Veamos los tres ejemplos a los que me refiero:

- **2 Reyes 2: 24-25:** Cuarenta y dos jóvenes fueron mutilados porque se burlaron del profeta de Dios. ¿Fue esa la voluntad de Dios, o la ira de Eliseo desató una dura sentencia sobre algún joven irresponsable?

- **2 Reyes 5: 23-27:** Giezi se equivocó al perseguir a Naamán y aceptar una contribución que su amo ya había rechazado. ¿Fue la sentencia justa por su locura una vida de lepra para él y su familia?

- **2 Reyes 6: 32-7: 2:** Por un lado, el rey había enviado un grupo para matar a Eliseo, y simplemente había cerrado la puerta sin castigo por el comportamiento del rey. Por otro lado, un oficial preguntó cómo era posible una predicción tan aparentemente imposible de suministros inmediatos y abundantes, y pagó con su vida. Cuando les pregunto a los profetas modernos por qué este oficial merecía la muerte, algunos me dicen que murió debido a su falta de fe en la palabra del profeta. ¿Es la incredulidad un crimen peor que el asesinato? ¿Por qué se perdonó al rey y se condenó a muerte al oficial? Existe la posibilidad de que el enojo de Eliseo fuera la causa. Veo un patrón de ira en la vida de Eliseo que hizo difícil estar cerca de él cuando fue desafiado o cuestionado. ¿Ves esto como posible? ¿O consideras que este es el síndrome profético del Antiguo Testamento mencionado anteriormente?

Como líder (y fuerte, me han dicho), he tenido que

lidiar con la ira y todavía estoy aprendiendo a lidiar con ella. Una y otra vez he reflexionado sobre las palabras de Santiago, quien escribió: "Todos deben ser rápidos para escuchar, lentos para hablar y lentos para enojarse" (Santiago 1:19). No dijo que nunca se enojara; advirtió que la ira no debería ser inmediata. No estoy insinuando que un líder nunca deba estar enojado; Lo que estoy sugiriendo es que la ira no debe ser la emoción predominante en el estilo de liderazgo de nadie, especialmente en alguien que está comprometido a convertirse en un líder servidor.

No puedo cambiar el estilo de liderazgo de nadie. Solo el Espíritu Santo puede hacer eso. Sin embargo, puedo permitir que el Espíritu cambie mi estilo, y eso implica enfrentar mi propio enojo. Quiero que los frutos del Espíritu — amor, gozo, paz, paciencia, bondad, bondad, fidelidad, mansedumbre y dominio propio — sea una parte central de mi estilo de liderazgo. Quiero ser un buen oyente y aprender a hablar mucho menos.

LIDIANDO CON LA IRA

Quizás hayas sufrido de primera mano, como persona imperfecta, a manos de un líder enojado. Te animo a perdonar y luego permitir que esas lecciones impacten en tu propio estilo de liderazgo. Tienes la opción de reproducir ese enojo o eliminarlo de tu propio estilo de gestión. Confío en que elegirás lo último y te convertirás en un líder relativamente libre de ira mientras guías al pueblo de Dios, o incluso a personas en el mercado que tal vez no sirvan al Señor o no conozcan al Señor. Recuerda, David aprendió más del rey Saúl que de cualquier otra persona sobre el liderazgo: ¡aprendió a como no liderar! Puedes aprender mucho de un líder pobre, pero solo si reemplazas lo malo por lo bueno.

Quizás eres un líder que estaba o está enojado. Las personas han sentido el aguijón de tu ira y quizás se equivocaron en lo que hicieron, pero eso no justifica tu ira. Debes arrepentirte y pedirles perdón. Necesitas un corazón nuevo para liderar o tu ira te costará la Tierra Prometida como le pasó a Moisés. No puedes aplicar los ocho pasos que estoy a punto de esbozar si estás enojado. Simplemente no funcionará.

Para ayudarte a ser el líder que Dios quiere que seas, te dirijo a tres principios simples que se encuentran en la primera epístola de Pedro:

> Sean pastores del rebaño de Dios que está bajo su cuidado, sirviendo como superintendentes, no porque deba hacerlo, sino porque está dispuesto, como Dios quiere que esté; no codiciosos de dinero, sino deseosos de servir; no enseñándonos de los que se os han confiado, sino siendo ejemplos para el rebaño (1 Pedro 5: 2-3).

¿Cómo puedes evitar la mentalidad de líder enojado? Estos versículos ofrecen tres consejos útiles para cualquier líder que quiera ser más eficaz. En primer lugar, *lidera de buena gana*. Algunos líderes están enojados con la gente porque están enojados con Dios. No quieren liderar o al menos no quieren comprometerse con el desarrollo personal necesario para ser eficaces. En segundo lugar, *lidera sin enfocarte en el dinero*. En tercer lugar, *lidera como siervo*, no como señor. Los dos últimos hablan por sí mismos y son claros.

Es un nuevo día que requiere un estilo de liderazgo más abierto en la Iglesia y la sociedad en general. Si queremos lo que nunca hemos tenido, debemos hacer lo que nunca hemos hecho, y eso ciertamente se aplica a los estilos de liderazgo y los resultados esperados. Si los Ocho Pasos de este libro se implementaran con éxito, debemos dejar de lado el viejo estilo de ira / autoritario y aplicar los nuevos paradigmas para los líderes servidores a los líderes actuales y futuros.

CAPÍTULO 1
PREGUNTAS PARA DISCUSIÓN O ESTUDIO

1. ¿Alguna vez has experimentado un líder enojado? ¿Qué recuerdas de ese encuentro? ¿Cómo te hizo sentir?

2. Si eres un líder, ¿qué te enoja? ¿Expresas ese enojo? ¿Crees que tu ira ha herido a alguien? ¿Necesitas ir y hacer las paces?

3. ¿Cómo crees que puedes protegerte contra la ira del liderazgo, ya sea la tuya propia o la ira de otra persona?

4. El momento de decidir qué tipo de líder ser, es cuando todavía no estás liderando. Entonces puedes establecer tus valores y no dejarte afectar por el dinero o el poder. ¿Cuál es tu filosofía de liderazgo? ¿Qué tipo de líder quieres ser, por la gracia de Dios?

5. Si ya estás liderando, ¿qué pasos puedes tomar ahora para reducir tu enojo y cambiar tu estilo de liderazgo? Un paso es redefinir y aclarar tus valores, especialmente en la forma en que ves y tratas a las personas.

6. David aprendió a liderar de Saúl al observar cómo no liderar. ¿Quiénes son tus modelos de liderazgo? ¿Qué aprendiste de ellos? ¿Hay algo que debas dejar de aprender de ellos? ¿Necesitas algunos modelos nuevos? ¿Dónde los encontrarás?

7. Regresa y lee 1 Pedro 5: 2-5. Medita en estos versículos con regularidad. ¿Qué aprendiste? ¿Cómo puedes incorporar lo aprendido a tu estilo de liderazgo?

8. Lee Lucas 9: 51-56. ¿Qué puedes aprender de ese pasaje sobre la ira en el ministerio? ¿Cómo abordó Jesús el tema?

LIDERAZGO DE SERVICIO ES EL ANTÍDOTO

La única cura para la crisis del liderazgo es un estilo de liderazgo completamente nuevo junto con un concepto completamente nuevo de seguidor. Permítanme señalar al comienzo de este capítulo que no soy anti-liderazgo. Si bien apelo a un estilo de liderazgo más inclusivo y menos autoritario, no estoy descartando la importancia del liderazgo en el esquema general de la Iglesia o la sociedad.

El liderazgo efectivo fue lo que trajo las grandes reformas a la Iglesia a lo largo de los siglos. Los grandes líderes fueron los que resistieron el embate de la herejía y fueron pioneros en nuevos movimientos y conocimientos sobre la adoración, la estructura de la iglesia y la teología. El liderazgo piadoso fue lo que condujo a los avances en los derechos civiles en mi propia nación, y el liderazgo derribó el sistema de apartheid en Sudáfrica. Las personas de fe han aportado grandes cambios e innovación a los campos de la medicina (Florence Nightingale), la justicia social (Sojourner Truth) y el comercio

(Cyrus McCormick), solo por nombrar algunos. Los líderes, sin embargo, no pueden hacer todo el trabajo del ministerio o su campo de trabajo elegido, y deben dejar de intentarlo. Deben ser personas que sepan cómo incluir a otros en la obra y que sigan el modelo de los apóstoles en Hechos 6 cuando le dieron la responsabilidad al pueblo de cuidar a las viudas porque no estaban dispuestos a apartarse de lo que hacían mejor. Hablaré sobre eso más adelante.

Sin embargo, los líderes más grandes son aquellos que saben cómo usar su poder para promover su causa y empoderar a otros. Los líderes no pueden empoderar a nadie si no tienen el poder para hacerlo, por lo que el poder no es algo malo en sí.

Sin embargo, cuando ese poder se vuelve egoísta para construir un monumento o promover al líder, las cosas a menudo salen terriblemente mal, o quedan muy por debajo de lo que podría haberse logrado.

EL PODER DEL LIDERAZGO DE SERVICIO

En 1998, leí la colección de ensayos de Robert Greenleaf titulada *El Poder del Liderazgo de Servicio*. Ese libro me dejó sin aliento cuando me enfrentó a mi propio estilo de liderazgo defectuoso. Lloré y agonicé por lo que leí durante días, mientras me preguntaba: ¿Por qué nunca escuché sobre esto en la Iglesia? ¿Por qué nunca prediqué *ni hablé de esto yo mismo?* Desde ese punto en adelante, decidí no solo estudiar y enseñar sobre el liderazgo de servicio, sino también incorporar y modelar sus principios. Vi que el liderazgo de servicio era el antídoto y la cura para el autoritarismo o el liderazgo débil e ineficaz.

Al hacerlo, descubrí que, si bien mi nuevo estilo era agradable para la gente y los seguidores, era difícil para mis compañeros líderes. Más de un líder y pastor me ha dicho: "No puedes permitir que la gente haga lo que quiera. Tienes que decirles qué hacer. De lo contrario, no construirás la Iglesia [o el negocio]". Otro pastor me dijo: "El mensaje sobre el propósito no funcionará. Le da a la gente demasiada libertad". Todavía tenía otro que me decía: "No quiero ese mensaje en mi iglesia. Tengo todo configurado de la manera que quiero, pero si la gente te escucha, todos se convertirán en agentes libres y abandonarán lo que tengo para que hagan".

En cierto sentido, lo que dijeron es cierto. Los líderes deben dirigir y guiar a la gente, o ¿de qué sirve liderar? Sin embargo, en un sentido más amplio e importante, estaban equivocados. Su error es el problema con el liderazgo que evitará que los Ocho Pasos que estoy a punto de presentar se prueben y apliquen.

Cuando estuve en Indonesia hace muchos años, estaba enseñando liderazgo de servicio a un grupo de ejecutivos bancarios. Uno de ellos levantó la mano y preguntó: "¿No enseñó Jesús sobre el liderazgo de servicio?" Pensé que era una pregunta interesante de un hombre en el país musulmán más grande del mundo. Sabía que el liderazgo de servicio era parte del mensaje de Jesús. ¿Por qué no lo sabe la Iglesia?

En Lucas 22, encontramos la explicación y el resumen de Jesús sobre el liderazgo de servicio. Jesús estaba reunido en el aposento alto con sus discípulos para lo que ahora se conoce como la Última Cena.

> También surgió entre ellos una disputa sobre cuál de ellos se consideraba el mayor. Jesús les dijo: "Los reyes de las naciones se enseñorean de ellos; y quienes ejercen autoridad sobre ellos se llaman a sí mismos Benefactores. Pero no debes ser así. **En cambio, el más grande entre ustedes debería ser como el más joven, y el que gobierna como el que sirve.** Porque, ¿quién es mayor, el que está a la mesa o el que sirve? ¿No es el que está en la mesa? Pero yo soy entre vosotros como el que sirve" (Lucas 22: 24-27, énfasis agregado).

Esta no fue la primera vez que Jesús tuvo esta discusión sobre el servicio con sus seguidores. Pero, mientras se preparaba para Su muerte, encontró necesario repasarlo una vez más porque estaban discutiendo sobre quién tenía el ministerio más importante. Luego pasó a practicar lo que predicó al dar su vida por esos mismos seguidores.

El servicio no es fácil, pero es lo que los líderes y pastores deben hacer para que su liderazgo sea maduro y eficaz. Requiere humildad y una firme comprensión del propósito y los valores. Los líderes que sirven a los seguidores han encontrado la manera de evitar que el poder corrompa su liderazgo. También han descubierto que la forma de evitar manipular y controlar a los seguidores es a través de la mentalidad simple y las acciones posteriores de servicio. Robert Greenleaf escribió:

> El líder-servidor es servidor primero. Comienza con el sentimiento natural de que uno quiere servir. Entonces, la elección consciente lo lleva a uno a aspirar a liderar. La mejor prueba es la siguiente: ¿los servidos crecen como personas? ¿Se vuelven más sanos, más sabios, más libres, más autónomos y propensos a convertirse en servidores?

La principal objeción a que los líderes también sean siervos generalmente se basa en algo que suena así: "No trabajo para la gente; ellos trabajando para mí. No quiero ni puedo tener miembros o empleados que me digan (al liderazgo) qué hacer". Esto revela una comprensión defectuosa del liderazgo de servicio y también un poco de inseguridad. Para aclarar esta idea errónea, hago referencia a Ken Blanchard, conocido por escribir el libro One-Minute Manager. Él explica sobre el liderazgo tradicional,

> La mayoría de las organizaciones son típicamente de naturaleza piramidal. ¿Quién está en la cima de la organización? El director ejecutivo, el presidente,

17

la junta directiva [el pastor o la junta]. ¿Quién está al final? Todos los empleados, las personas que hacen el trabajo... La paradoja es que la pirámide debe estar boca arriba o boca abajo según la tarea o función.

Es absolutamente esencial que la pirámide se mantenga erguida en lo que respecta a la visión, la misión, los valores y el establecimiento de objetivos importantes. Moisés no subió a la montaña con un comité. La gente busca a los líderes en busca de dirección, por lo que la jerarquía tradicional no es mala para este aspecto del liderazgo.

La mayoría de las organizaciones y gerentes [y líderes de iglesias] tienen problemas en la fase de implementación del proceso de liderazgo. La pirámide tradicional se mantiene viva y bien. Cuando eso sucede, ¿para quién cree la gente que trabaja? La persona por encima de ellos. En el momento en que crea que trabaja para la persona que está por encima de usted para la implementación, está asumiendo que esa persona, su jefe, es responsable y que su trabajo responde a ese jefe y a sus caprichos o deseos. Como resultado, toda la energía de la organización asciende en la jerarquía, lejos de los clientes y de la gente de primera línea [o personal y miembros] que están más cerca de la acción.[2]

El remedio de Blanchard es darle la vuelta a la pirámide para la implementación. Explica, además: "Eso crea un entorno muy diferente para la implementación. Si trabajas para tu gente, ¿^{cuál} es el propósito de ser gerente? Para ayudarlos a lograr sus objetivos. Tu trabajo es ayudarlos a ganar"[3]. Eso me suena a Efesios 4: 11-13.

EL PODER DE UN LÍDER

No hay duda de que un líder tiene poder. No estoy

diciendo que los líderes renuncien a ese poder, sino que usen su poder de una manera que beneficie tanto a quienes los siguen como a la organización a la que todos, incluido el líder, están sirviendo. Un pastor dijo una vez que la autoridad es como el jabón: cuanto más la usas, menos tienes. Con demasiada frecuencia, los líderes sucumben a la tentación de usar el poder para lograr metas personales o para que las personas hagan lo que ellos como líderes quieren que hagan, independientemente de si los seguidores han tenido tiempo para procesar lo que eso significará para ellos o para la organización. Se trata de los líderes. Cito nuevamente el siguiente pasaje del apóstol Pedro porque es muy importante para esta discusión. El apóstol Pedro escribió en su primera epístola:

> Sean pastores del rebaño de Dios que está bajo su cuidado, sirviendo voluntariamente, no porque deban hacerlo, sino porque están dispuestos, como Dios quiere que estén; no codiciosos de dinero, sino deseosos de servir; **no enseñoreándose de aquellos a quienes se les han confiado, sino siendo ejemplos para el rebaño** (1 Pedro 5: 2-3, énfasis agregado).

Y el apóstol Pablo escribió en su carta a Filemón este interesante llamamiento:

> Por tanto, aunque en Cristo **yo podría ser valiente y ordenarte que hagas lo que debes hacer, apelo a ti** sobre la base del amor. Yo entonces, como Pablo, un anciano y ahora también un prisionero de Cristo Jesús, te suplico por mi hijo Onésimo, quien se convirtió en mi hijo mientras yo estaba encadenado. Antes fue poco usado por ti, pero ahora se ha vuelto útil tanto para ti como para mí. Lo estoy enviando a él, que es mi corazón, de regreso a ti. Me hubiera gustado tenerlo conmigo para que pudiera

ocupar su lugar y ayudarme mientras estoy encadenado por el evangelio. **Pero no quise hacer nada sin tu consentimiento, para que cualquier favor que hagas sea espontáneo y no forzado** (Filemón 8-14, énfasis agregado).

En cada caso, Jesús, Pedro y Pablo se dirigían a personas en liderazgo. Les estaban dando una forma diferente de liderar, una que les daba a los seguidores espacio para crecer, tomar decisiones y responder a la voluntad de Dios y al liderazgo con un corazón dispuesto. Estos hombres entendieron que, como dice el adagio, un hombre convencido contra su voluntad sigue teniendo la misma opinión.

INFLUENCIA PODEROSA, NO CONTROL POTENTE

El Antiguo Testamento incluye una historia que involucra al profeta Elías y su contacto inicial con su sucesor, Eliseo. Proporciona un ejemplo de un líder que influye en los seguidores y no los controla. Permítanme establecer el trasfondo de la historia.

Elías estaba en un mal momento. Había huido de Jezabel, la reina que quería que lo mataran, y terminó escondido en una cueva. El Señor le habló allí y le preguntó por qué se escondía. Elías respondió: "He sido muy celoso por el Señor Dios Todopoderoso. Los israelitas rechazaron tu pacto, derribaron tus altares y mataron a espada a tus profetas" (1 Reyes 19:10). Debido a estas terribles condiciones, Elías sufría de depresión. El Señor lo "animó" dándole algo que hacer:

> El Señor le dijo: "Vuelve por donde viniste y vete al desierto de Damasco. Cuando llegues, unge a Hazael como rey sobre Aram. Además, unge a Jehú hijo de Nimsi por rey sobre Israel, y unge a Eliseo hijo de Safat de Abel Meholá para que te suceda como profeta" (1 Reyes 19: 15-16).

Eso envió a Elías a una misión de Dios y emprendió su

viaje para encontrar a Eliseo, su sucesor. ¿Qué hizo él? ¿Vino a ver a Eliseo y le hizo una escena dramática? ¿Le relató a Eliseo todo lo que Dios le había dicho? Veamos lo que hizo.

Elías salió de allí y encontró a Eliseo, hijo de Safat que estaba arando con doce yuntas de bueyes, y él mismo conducía el duodécimo par. Elías se acercó a él y le arrojó su manto. Eliseo luego dejó sus bueyes y corrió tras Elías. "Déjame despedirme de mi padre y de mi madre", dijo, "y luego iré contigo". "Vuelve", respondió Elías. "¿Que te he hecho?" (1 Reyes 19: 19-20).

Esta historia me impresiona cada vez que la leo. Elías, armado con "la palabra del Señor", no usó esa palabra para golpear a Eliseo en la cabeza. Simplemente lo tocó con el manto, dejando espacio para que Eliseo determinara por sí mismo lo que había sucedido y cuál sería su respuesta. Interpreto que esto es un ejemplo de un líder que usa la influencia, pero no el control sobre alguien que iba a ser un seguidor.

El liderazgo de servicio no significa que los líderes se conviertan en blandengues, ya que muchos han expresado esa preocupación. Los líderes de servicio no tienen que andar de puntillas alrededor de sus compañeros o seguidores. Pueden ser honestos y directos con las personas. Los líderes serviciales pueden y deben reprender a los trabajadores deficientes e incluso liberarlos del empleo. Los líderes de servicio pueden ser visionarios y establecer estándares, insistiendo en que se cumplan esos estándares. ¿Cómo sé que esto es cierto? Lo sé porque Jesús lo hizo, y Él es el modelo para cualquiera que trabaje en el liderazgo de la Iglesia, o cualquier liderazgo en ese sentido. Los gigantes de la industria no son nuestros modelos. Jesús es y fue un líder servidor eficaz. Incluso un musulmán lo sabe.

Elías "tocó" a Eliseo y luego se alejó. Lo sabemos porque Eliseo tuvo que correr tras él una vez que lo tocó. Obviamente, Eliseo sintió algún significado espiritual en ese toque, porque se fue a casa, cerró sus asuntos allí y se unió a Elías. Hasta donde sabemos, Elías nunca le dijo que hiciera todo eso.

La mayoría de las veces, he descubierto que, si les doy a los seguidores espacio para responder a una decisión y a la voluntad de Dios, lo harán de manera positiva y madura. Si no es así, entonces puede ser necesario sentarse en privado con ellos para un mayor diálogo y comunicación. Si en un grupo grande hay dos partes en conflicto, a veces es necesario levantar la reunión y reunirse con esos dos. Personalmente, he podido resolver la mayoría de los conflictos de esa manera. Mientras tanto, sin embargo, uso mi poder para influir y no para manipular o controlar a las personas.

LA IMPORTANCIA DEL DIÁLOGO

El diálogo es una herramienta importante para cualquier líder que quiera influir y no controlar. Greenleaf comentó sobre esto cuando escribió:

> Todo hombre es un adversario potencial, incluso aquellos a quienes amamos. Sólo mediante el diálogo nos salvamos de esta enemistad entre nosotros. El diálogo es al amor lo que la sangre es para el cuerpo. Cuando el flujo de sangre se detiene, el cuerpo muere. Cuando el diálogo se detiene, el amor muere y nace el resentimiento. Pero el diálogo puede restaurar una relación muerta. De hecho, este es el milagro del diálogo: puede dar origen a una relación y restaurar de nuevo una relación que ha muerto. Solo hay una salvedad para estas afirmaciones de diálogo. Debe ser mutuo y percibido desde ambos lados, y las partes deben perseguirlo sin descanso.[4]

Descubrí que hay mucha creatividad e innovación entre los seguidores. Cuando interrumpo el diálogo o la comunicación o no les doy la oportunidad de hablar, incluso si están equivocados o simplemente expresan su frustración, entonces puedo perder la creatividad o la perspectiva que tiene el seguidor. A veces los seguidores se callan y no dicen nada porque tienen miedo o no quieren deshonrar al líder de ninguna manera. Si bien eso es algo bueno hasta cierto punto, obviamente se puede llevar a los extremos. Los líderes de la reforma no pueden permitir que eso suceda.

Ken Blanchard habla de la información que adquirió en una escuela de entrenamiento de perros lazarillos. Descubrió que las escuelas eliminan dos tipos de perros: el primer grupo es comprensible: perros que son totalmente desobedientes. Pero el segundo grupo que está descalificado es más una sorpresa: ¡perros que son totalmente obedientes! Las escuelas quieren entrenar perros que sigan órdenes que tengan sentido. Si el amo ordena al perro que se baje del bordillo y el perro ve que se acerca un automóvil, ese perro está entrenado para no obedecer.

Queremos y necesitamos seguidores que nos impidan caminar frente a los "autos que se aproximan" y que no podemos ver. Para tener este tipo de seguidores, debo redirigir parte de mi poder como líder para incluirlos en el proceso de toma de decisiones y someterme a sus decisiones cuando estén funcionando en su área de especialización o unción. Debo promover el diálogo siempre que sea posible y apropiado.

PERSUASIÓN VERSUS MANIPULACIÓN

El mejor concepto que he encontrado sobre líderes que utilizan correctamente la influencia, proviene de Greenleaf. Consideremos este pasaje del libro *Convirtiéndose en un líder servidor*:

> *La persuasión* implica llegar a un sentimiento de rectitud sobre una creencia o acción a través del propio sentido intuitivo. Se da un paso intuitivo, desde la aproximación más cercana a la certeza que puede alcanzar la lógica consciente (que a veces no es muy cercana) al estado en el que uno puede decir con

convicción: "¡Aquí es donde estoy!" El acto de persuasión, así definido, ayudaría a ordenar la lógica y favorecería el paso intuitivo. Pero la persona que está siendo persuadida debe dar ese paso intuitivo sola, libre de estratagemas coercitivas o manipuladoras de ningún tipo. La persuasión, en un tema crítico, es un proceso difícil y que requiere mucho tiempo. Exige una de las habilidades humanas más exigentes.[5]

La última declaración explica por qué es tan difícil (especialmente para las personas que se ocupan de las cosas de Dios) trabajar en la influencia y no sucumbir al control: ¡lleva tiempo! Muy a menudo, los líderes visionarios ven algo con tanta claridad que en sus mentes ya existe. Por lo tanto, sienten que deben hacer que todos participen lo más rápido posible, y eso puede llevar a tácticas bien intencionadas pero manipuladoras. El hecho de que no tuvieran la intención de que fuera así no lo hace menos manipulador.

Greenleaf define la manipulación como "el proceso de guiar a las personas hacia creencias o acciones que no comprenden completamente y que pueden ser buenas o no para ellas". Continúa explicando:

> Debido a que se les reconoce como mejores que la mayoría para liderar y mostrar el camino, ellos [los líderes] tienden a ser muy intuitivos. Por lo tanto, los líderes mismos, en sus racionalidades conscientes, pueden no comprender completamente por qué eligen un camino dado. Sin embargo, nuestra cultura requiere que los líderes produzcan explicaciones plausibles y convincentes de las direcciones que toman. De vez en cuando, simplemente pueden decir: "Tengo el presentimiento de que esto es lo que debemos hacer". Sin embargo, la mayoría de las veces, se exigen justificaciones racionales, y parte de la habilidad del líder exitoso es inventar estas

racionalizaciones. Son necesarios, pero también útiles porque permiten, a posteriori, la prueba de la lógica consciente que "tiene sentido" tanto para líderes como para seguidores. Pero la comprensión por parte del seguidor, si no ha de ser manipulado, no está necesariamente contenida en esta racionalización que tiene sentido. Debido a que vivimos en un mundo que pretende una validez más alta para el pensamiento racional consciente en los asuntos humanos de lo que justifican los hechos de nuestra existencia, y debido a que muchas personas sensibles "saben" esto, la manipulación pende como una nube sobre la relación entre líder y dirigido casi en todas partes.[6]

CONSTRUYENDO CONSENSO

La mayoría de los líderes encuentran difícil lidiar con esta "nube", como la llama Greenleaf. No importa en qué negocio se encuentren, tienen el desafío de ser pacientes y permitir que sus seguidores resuelvan los problemas tal como lo hizo el líder. La respuesta para Greenleaf es el consenso, que es un método para usar la persuasión (influencia) en grupos. Cuatro habilidades son necesarias para cualquier líder que quiera construir un consenso para que los seguidores se sientan dueños de una decisión. Son:

1. El líder debe poder articular los problemas o problemas. Se requiere paciencia para aquellos que son más lentos para comprender la situación.

2. El líder debe ser un buen oyente. Al ser una caja de resonancia, el líder da un ejemplo que otros seguirán al escuchar todos los puntos de vista.

3. El líder debe ser sensible a las discusiones y comenzar a usar su poder para llevar al grupo a una solución o conclusión.

4. El líder puede tener que reunirse con uno o más seguidores que mantienen una posición firme que parece estar en contra del consenso general del grupo. Hay varias opciones disponibles, que incluyen decidir no decidir, esperar o usar el poder para romper el atasco y resolver el problema en cuestión.

Reconozco que este estilo de construcción, de consenso, influencia y liderazgo persuasivo no funciona en todas las situaciones. En una crisis, se necesitan líderes fuertes y experimentados para ejercer la decisión mientras sacan al grupo u organización de problemas. Sin embargo, incluso en esa situación, en general hay más espacio para la comunicación, los aportes y el diálogo del que se utiliza actualmente en los círculos de liderazgo.

Si eres un líder, o estás en camino de convertirte en uno, te insto a que consideres detenidamente el contenido de este capítulo. Comprométete a ser un hombre o una mujer de influencia que se compromete a edificar a las personas y no a derribarlas. Se un líder comprometido tanto con la visión como con las personas que también estén comprometidas con la visión y aproveche cada oportunidad para comunicarse y escuchar. Si los Ocho Pasos van a tener la oportunidad de funcionar, los líderes y pastores deben asumir el papel de siervos y abandonar el papel de señores y amos. Sin ese cambio, los Ocho Pasos que estoy a punto de revelar nunca tendrán la oportunidad de vivir y prosperar. Es más, las personas de todos los niveles deben dar un paso adelante para aceptar y cumplir su propósito sin esperar que la Iglesia haga eso por ellos.

CAPÍTULO 2
PREGUNTAS PARA DISCUSIÓN O ESTUDIO

1. Lee Lucas 22 en su totalidad. ¿Cuál fue el escenario de la lección de liderazgo de Jesús? ¿Qué dijo Jesús? ¿Cómo puede un líder actuar como "el más joven" (v. 26) y seguir

siendo un líder eficaz? ¿Es eso posible en tu opinión?

2. ¿Qué puedes aprender sobre el liderazgo de la relación entre Elías y Eliseo? ¿Ves cómo Elías dejó espacio para que Eliseo determinara la voluntad de Dios por sí mismo? ¿Cómo puedes emplear eficazmente esta práctica en tu propio trabajo de liderazgo?

3. Considera la interacción de Jesús con las personas y sus discípulos en Mateo 16: 13-20, Marcos 3: 20-30 y Mateo 20: 20-28. Nota cuán accesible era Él y cuán libres eran las personas para decirle lo que pensaban. ¿Dónde puedes modelar tu estilo de liderazgo según él?

4. Fíjate en los pasajes enumerados arriba y observa que Jesús convirtió cada oportunidad, incluso cuando fue interrogado e insultado, en un tiempo para entrenamiento y enseñanza. ¿Con qué frecuencia haces lo mismo? ¿Cómo lo haces? ¿Tienes un sitio web, un blog, un podcast o un horario regular para preguntas y respuestas? Cuando te conviertas en líder, ¿qué harás para emular este aspecto de la vida y el ministerio de Jesús?

5. ¿Qué importancia tiene el diálogo y la construcción de consenso cuando se trata de las cosas de Dios? ¿Hay espacio para tales actividades? ¿Participó Jesús en estas acciones? Vuelve atrás y mira Mateo 16: 13-20. ¿Qué sucedió en Juan 6: 1-14? ¿Jesús sacó a sus discípulos o simplemente hizo lo que iba a hacer sin ellos?

6. ¿Qué pasa con lo que sigue en el resto de Juan 6? ¿Qué lecciones de liderazgo hay para ti en ese capítulo? Jesús no buscó la popularidad, pero la sacrificó para llevar a algunos a la verdad. También se sometió a las críticas y preguntas de la multitud.

SECCIÓN DOS

SIETE PASOS PARA UNA REFORMA CON PROPÓSITO

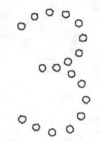

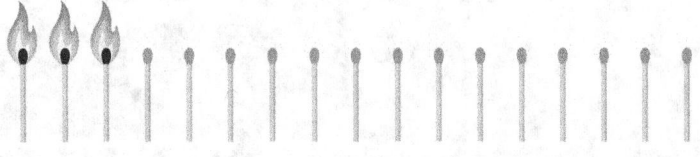

QUEREMOS QUE DIOS SE "MUEVA"

He formado parte del personal de cuatro iglesias y he trabajado con cientos de personas como consultor. He llegado a la conclusión de que, como miembros y líderes de la iglesia, el cambio debe ser parte de nuestra "dieta", por así decirlo, porque somos personas guiadas por el Espíritu. En el Antiguo Testamento, cuando la nube se movía, la gente se movía. A veces acampaban por un día y, a veces, por meses, dependiendo de cuánto tiempo la nube se mantuviera en un lugar:

> Entonces la nube cubrió el Tabernáculo de reunión, y la gloria del Señor llenó el Tabernáculo. Moisés no podía entrar en el Tabernáculo de reunión porque la nube estaba sobre él y la gloria del Señor lo llenaba. En todas sus jornadas, cuando la nube se alzaba de encima del tabernáculo, los hijos de Israel se ponían en marcha; pero si la nube no se alzaba, no se movían hasta el día en que se alzaba. Así que la nube

de Jehová estaba sobre el tabernáculo de día, y el fuego en la nube de noche, a la vista de toda la casa de Israel durante todos sus viajes (Éxodo 40: 34-38).

Nunca hubo un problema de orientación en el desierto. La gente sabía lo que tenía que hacer y lo hacía. La nube los protegía del intenso calor del desierto en el que viajaban. No podían decirle a la nube "Adelántate, que nosotros nos vamos mañana". Tenían que seguir la nube o morían. Era así de simple y directo.

Ahora sabemos que lo que sucedió en el Antiguo Testamento fue para nuestra instrucción. Mucho de lo que pasó, fue una sombra o un tipo de lo que vendría en Cristo. Pablo mencionó la nube del desierto cuando escribió a los Corintios, y debemos ver la nube como nuestro propio estándar de cómo Dios se moverá y trabajará con nosotros:

> Porque no quiero que ignoren el hecho, hermanos, de que nuestros antepasados estaban todos bajo la nube y que todos pasaron por el mar. Todos fueron bautizados en Moisés en la nube y en el mar. Todos comieron el mismo alimento espiritual y bebieron la misma bebida espiritual; porque bebían de la roca espiritual que los acompañaba, y esa roca era Cristo. Sin embargo, Dios no estaba complacido con la mayoría de ellos; sus cuerpos fueron esparcidos por el desierto (1 Corintios 10: 1-5)

Pablo nos mostró que es posible disfrutar de todas las bendiciones espirituales disponibles, pero aun así desagradar al Señor, así como a los judíos en el desierto. Como los judíos, los corintios tenían todos los dones espirituales y la presencia de Dios con ellos, pero estaban a punto de desagradar a Dios cuando Pablo les escribió. Somos igualmente susceptibles de caer en la misma trampa. Estamos contentos de recibir las bendiciones; pero no siempre estamos tan emocionados o motivados para seguir la nube. Estamos contentos de hacer iglesia; pero no queremos ser iglesia. Queremos que Dios se mueva; pero no siempre queremos movernos con él. Cuando predico o enseño, a menudo pido que levanten la mano las personas les gustaría que Dios se moviera. Por lo general, casi todas las manos están levantadas. Sin embargo, si les preguntara a esas mismas personas, incluidos los líderes de la iglesia, cuándo fue la última vez que se movieron con la nube, es decir, la última vez que experimentaron un cambio o transición importante, la mayoría probablemente indicaría que fue hace ya algún tiempo. Probablemente incluso, contarían la forma en que el cambio fue forzado por la pérdida del trabajo, la muerte de alguien cercano o algún otro "acto de Dios".

Por lo general, cuando la gente quiere que Dios se mueva, quieren que Su mover se limite al servicio del domingo por la mañana o el miércoles por la noche. Quieren cuatro horas de iglesia comprimidas en una reunión de una o dos horas. Quieren que ese tiempo no tenga un guion y esté lleno de lo inesperado. Sin embargo, luego quieren volver a casa y tener la vida más o menos como antes: trabajar en el mismo lugar, vivir en la misma casa, seguir y seguir sus mismas rutinas hasta que regresen dentro de una semana para, volver a tener un mover de Dios.

Alguna vez, prediqué un mensaje de Navidad y lo usé para mostrar lo que significa cuando Dios se mueve. Considera cómo las personas en la historia de Navidad se vieron afectadas cuando Dios se movió como lo explicaron Mateo y Lucas. Cuando Dios aparece, las cosas se ponen en movimiento, especialmente Su pueblo:

1. Isabel quedó embarazada tarde en la vida después de que el ángel la visitó.

2. Su esposo incrédulo, Zacarías, no pudo hablar durante nueve meses hasta que nació el bebé.

3. Cuando nació el bebé, sorprendieron a todos al nombrar al niño Juan.

4. Mientras Isabel estaba embarazada, su prima María también tuvo un visitante que le anunció que estaba embarazada de Jesús.

5. María fue inmediatamente a visitar a Isabel.

6. Después de que María regresó a casa, ella y José tuvieron que ir a Belén para registrarse en el censo romano.

7. Mientras estaban allí, nació el bebé.

8. Los ángeles se acercaron a los pastores desprevenidos en el trabajo, quienes dejaron lo que estaban haciendo para ir a ver al Niño.

9. Mientras tanto, hombres del Este seguían una estrella en movimiento que los condujo a la casa donde estaba Jesús para que pudieran adorarlo.

10. Herodes se sintió perturbado por la visita de los magos y envió soldados a Belén para destruir a los bebés varones que pudieran ser rivales de su trono.

11. Un ángel les había advertido a María y José que Herodes venía, por lo que ya se habían ido a Egipto.

12. Con el tiempo, un ángel regresó a José para decirle que "la costa estaba despejada". Herodes estaba muerto y podían regresar a casa.

13. Regresaron a Judea, pero no se sintieron seguros, así que partieron y fueron a Nazaret.

¿Entiendes la idea? Cuando Dios se mueve, los ángeles, los gobiernos, los pastores, las familias, los sabios y los hombres, mujeres y niños comunes y corrientes también se mueven. ¿Por qué es importante mencionar esto antes de hablar de los Siete Pasos originales (y el nuevo Octavo Paso de la Sección Tres)? se debe a que los Siete Pasos que estoy a punto de esbozar requerirán cambios. Implicarán que los líderes cambien la forma en que hacen negocios, por así decirlo, y los seguidores que cambien la forma en que siguen. Los Siete Pasos requerirán que algunas personas se muden y se vayan, y otras que regresen a casa. Los Siete Pasos requerirán que cada uno de los miembros del pueblo de Dios acepte su responsabilidad personal, no solo para ser espectadores de lo que algunos hacen, sino para ser participantes activos en el plan de Dios.

Será necesario que desafiemos todo lo que hemos aceptado como normal para ver si puede llevarnos al siguiente nivel de actividad, relevancia, misión y participación. Si algo no puede hacer eso, entonces debe descartarse o ajustarse. (No estoy hablando de los principios básicos de la fe, por supuesto; esos siguen siendo los mismos). ¿Está seguro de que desea leer más?

Estos Siete Pasos, cuando se aplican, no solo tienen el potencial de cambiar la forma en que hacemos iglesia, sino también la forma en que nos relacionamos con el Señor. Cambiarán nuestro paradigma de que la iglesia no es algo que hacemos, contrariamente al título de este libro, sino algo que somos y algo que expresamos con un propósito, el propósito final es extender el reino y el gobierno de Dios sobre la tierra.

Entonces, estarás diciendo que ya es suficiente de hablar o escribir...estarás preguntándote, ¿Cuáles son estos siete pasos? Y en orden aleatorio, son:

1. Levantar un ejército de hombres y mujeres dirigidos por un propósito que tienen fe para hacer lo imposible, liberados de tratar de ser quienes no son y libres para ser la mejor y más completa expresión de lo que Dios los creó para ser.

2. Equipar a las personas para realizar misiones (tanto nacionales como extranjeras), desarrollar emprendimientos comerciales y realizar cualquier otra actividad que su propósito dicte y la fe permita.

3. Ayudar a los líderes a ser productivos en su propósito mientras supervisan el caos del Espíritu Santo creado por personas que persiguen y cumplen su propósito.

4. Ayudar a los líderes y órganos de gobierno a pasar de actitudes de propiedad a actitudes de liderazgo, de servicio y mayordomía.

5. Desarrollar servicios, escuelas dominicales, iglesias para niños, reuniones de jóvenes e incluso reuniones de comités a las que la gente quiera asistir porque involucran un espíritu de excelencia.

6. Pasar de las modas, los programas de imitación y los rituales, tradiciones y doctrinas triviales y falsas a iniciativas innovadoras en el Espíritu de (pero superando los resultados de) la iglesia primitiva.

7. Abordar y satisfacer las necesidades de los pobres, las minorías étnicas y las de todo el mundo.

Dediquemos un tiempo a analizar cada uno de estos pasos y luego concluyamos con algunas sugerencias adicionales para la vida de la iglesia en el siglo XXI y más allá.

Luego, en la Sección Tres, presentaré el Paso Ocho, que requerirá una discusión bastante larga. Finalmente, pasaremos a mis pensamientos finales y Apéndices. Abróchate el cinturón de seguridad. ¡Te espera un viaje emocionante pero desafiante!

CAPÍTULO 3
PREGUNTAS PARA DISCUSIÓN O ESTUDIO

1. ¿Cuáles son tus primeras impresiones de los Siete Pasos? ¿Cuál o cuáles "sobresaltan" en la primera lectura?

2. ¿Estás de acuerdo en que nosotros, como Iglesia, deberíamos estar compuestos por agentes de cambio, siendo nosotros mismos estos agentes de cambio? ¿Este cambio se aplica simplemente a nuestras reuniones públicas o a todos los

aspectos del ministerio?

3. ¿Has considerado el movimiento en la historia de Navidad? ¿Ese tipo de movimiento debe ser la excepción o la regla para aquellos que siguen la nube de Dios?

4. ¿Con qué facilidad te adaptas al cambio? ¿Cómo puedes tu o tu iglesia ser aún más flexible de lo que es ahora?

5. Continuemos reflexionando o discutiendo el cambio. ¿Dónde tienes más miedo al cambio? ¿Por qué crees que es?

6. Cuando el Espíritu Santo vino en Hechos, el cambio se convirtió en una forma de vida para la iglesia. Considera los siguientes pasajes de la primera mitad de Hechos y analiza lo que significaban para la iglesia primitiva. ¿Qué implicaciones tienen esos pasajes para ti? ¿Para la Iglesia moderna? (Hechos 1: 10-11, 15-17; 2: 42-47; 4: 32-36; 6: 1-7; 8: 1-3; 11: 1-18; 13: 1-3; 15: 12-21, 36-41; y 16: 1-5).

7. Haz tu propio estudio de Hechos 17-28 con el propósito de estudiar el cambio. ¿Cómo instituyó Dios los cambios? ¿Cuál fue la respuesta de las personas involucradas? ¿Qué lecciones puedes aprender de estos ejemplos?

8. ¿Este tipo de cambio solo tuvo lugar en Hechos porque era la iglesia primitiva, o cree que esto establece un patrón o proporciona un modelo para hoy? ¿Son estos simplemente ejemplos de cambio de iglesia, o de cambio personal y de iglesia?

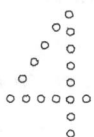

DIOS TIENE UN EJÉRCITO

PRIMER PASO DE LA REFORMA:
LEVANTA UN EJÉRCITO DE HOMBRES Y MUJERES DIRIGIDOS POR UN PROPÓSITO QUE TIENEN FE PARA HACER LO IMPOSIBLE, LIBERADOS DE TRATAR DE SER QUIENES NO SON Y LIBRES PARA SER LA MEJOR Y MÁS COMPLETA EXPRESIÓN DE LO QUE DIOS LOS CREÓ PARA SER.

Miremos este primer paso, frase por frase

a) Levanta un ejército de hombres y mujeres dirigidos por un propósito que tienen fe para hacer lo imposible…

Hay una vieja canción que cantábamos hace muchos, muchos años en la iglesia y decía más o menos así:

Dios tiene un ejército
Marchando por la tierra

Con liberación en su alma
y sanidad en sus manos
Gozo y alegría eternos en su corazón
Y en este ejército tengo una parte

Cuando cantábamos esta canción, debíamos marchar en círculo como soldados, lo que nos hacía sentir bastante espirituales. El problema era que el ejército era feliz marchando en círculos, pero sin ir a ningún lado. Nosotros actuábamos como un ejército, declarábamos que éramos un ejército, hablábamos de cómo pelear como un ejército, pero cuando terminábamos de decirlo y de marchar, no habíamos ido a ningún lado ni habíamos peleado contra nada, ni contra nadie. Y si lo hicimos, fue por accidente. La situación no ha cambiado mucho desde aquella época cuando cantábamos esa canción hace cuarenta años. He visto cómo nos contentamos con leer sobre lo que debería hacer el ejército, pero siempre fracasamos en hacerlo. En algún momento, tenemos que cambiar.

Un pastor describió la iglesia como un simulador de vuelo. Podemos trepar y volar a grandes alturas. Podemos matar a Goliat junto con David, dividir el Mar Rojo con Moisés, estar entre los cinco mil a quienes Jesús alimentó y estar con Juan en la isla de Patmos, todo en la comodidad de un simulador de vuelo dominical. Podemos ladear con fuerza, volar rápido y realizar aterrizajes de emergencia, todo desde la seguridad del simulador. Cuando termina la "iglesia", salimos del simulador y estamos en el mismo lugar espiritual que cuando entramos. De hecho, podemos irnos a casa pensando que estábamos volando. En realidad, ni siquiera estábamos cerca. Entonces, ¿cuál es la forma real y no un simulador?

PROPÓSITO

La respuesta es, el propósito, tanto corporativo como individual. En 1981, descubrí el propósito de mi vida a través de una oportunidad de negocio que falló. Le estaba pidiendo, no, le estaba rogando a Dios que salvara ese negocio. Cuando pregunté: "Si no me creaste para comenzar este negocio, ¿para qué me creaste?" ¡Él me respondió para mi gran sorpresa! (y me sorprendió porque no quería una respuesta. Simplemente estaba molesto porque no salvó el negocio).

Durante los siguientes diez años, incursioné en el mensaje del "propósito", aplicándolo a mi vida y enseñándolo en mi pequeño grupo en casa y en el ministerio en las cárceles. En 1991, tuve la oportunidad de implementar un seminario de "propósito" mientras viajaba con un equipo de adoración para conducir conferencias. Me sorprendió lo profundamente que el mensaje del "propósito" conmovió a las personas, y desde entonces he estado hablando, escribiendo, reuniendo, exhortando y entrenando en el "propósito".

Pensé que el tema del "propósito" era un buen mensaje que iría junto con muchos otros buenos mensajes. No sabía lo poderoso que era o que cambiaría muchas vidas. Entonces apareció el libro de Rick Warren, "Una Vida Con Propósito", y el tema del "propósito" de repente estuvo al frente y al centro de la mente de todos. Estaba en el lugar correcto en el momento correcto, hablando sobre el tema correcto. Sin embargo, aunque la popularidad del libro de Rick ha disminuido, el interés por el tema del "propósito" solo ha aumentado. ¿Por qué? Las razones son bastante simples:

1. Tu propósito son Sus instrucciones celestiales. Son lo que Dios quiere que hagas.

2. Dios quiere que conozcas tu propósito. No jugará contigo ni te lo ocultará.

3. Dios quiere que cumplas tu propósito más que tú.

4. Tú tienes la respuesta a algún problema del mundo. Si no lo abordas como solo tú puedes hacerlo, no se abordará.

No voy a ahondar en todo lo que podría decir sobre el

propósito, ya que esa información está disponible en mis otros libros, en mi sitio web y blogs, y en mi otro material de recursos (las instrucciones para acceder a todos los recursos están al final de este libro).

Mi propósito personal es crear orden fuera del caos sin control. Nunca tengo que ir en busca de caos; siempre parece venir a buscarme. Mi propósito es corto, claro y fácil de entender, y el tuyo también. Si no sabes tu propósito, es porque o no has pedido saber o has recibido una respuesta que no entiendes. La mayor barrera para el propósito está en tu propia mente, pero eso se corrige fácilmente simplemente haciendo las preguntas correctas y procesando las respuestas cuando vienen, y las respuestas siempre vienen.

Entonces, ¿qué tiene que ver esto con la Iglesia y la reforma? La respuesta es que el propósito requiere un cambio total de pensamiento en lo que respecta a la iglesia y al liderazgo. Hasta cierto punto, el propósito quita el foco de los líderes con su visión y la pone en la gente. Requiere que la iglesia trabaje para equipar a las personas para encontrar su propósito y ayudarles a elaborar estrategias para cumplirlo.

A menudo he dicho que si el propósito de alguien es ser un entrenador de natación, la iglesia no tiene que construir una piscina. Sin embargo, si Dios envía nueve entrenadores de natación a la iglesia, entonces el liderazgo tiene que preguntar: "Dios, ¿quieres que construyamos una piscina?" La respuesta podría ser sí, y entonces no importa si la piscina era parte de la visión del liderazgo o no. Lo más importante en ese momento es que era parte de la visión de Dios y, después de todo, es dueño de la iglesia, habiéndola comprado con la propia sangre de Su Hijo.

Discutiremos este tema más adelante en pasos posteriores, así que vamos a pasar a discutir las otras frases involucradas en este primer paso.

b) . . . liberados de tratar de ser quienes
no son . . .

Paso: Veamos otro pasaje para entender esta parte del Primer

> Entonces Saúl vistió a David con su propia túnica. Le puso una armadura y un casco de bronce en la cabeza. David se abrochó su espada sobre la túnica e intentó caminar, porque no estaba acostumbrado a ellos. "No puedo entrar en esto", le dijo a Saúl, "porque no estoy acostumbrado a ellos". Así que se los quitó. Luego tomó su bastón, escogió cinco piedras lisas del arroyo, las puso en su bolsa de pastor y, con su honda en la mano, se acercó al filisteo (1 Samuel 17:38-40).

Cuando David salió a luchar contra Goliat, el rey Saúl le ofreció a David su armadura para llevar. David se la probó, pero Saúl era más alto que el resto de Israel, así que no encajaba. en lugar de eso, David tomó lo que mejor le funcionó —una honda y cinco piedras— y salió a encontrarse con el gigante.

Este es un excelente ejemplo de un error común que muchos cometen cuando se trata de propósito. No puedes ser como nadie mientras aceptas tu propósito. Debes ser tú mismo. En mi experiencia, sin embargo, he encontrado que la gente está tratando intencionalmente de ser quien no es. Muchas personas tienen un sesgo personal contra quienes son y no les gusta quiénes son y están convencidas de que Dios quiere o necesita hacer cambios masivos en ellos antes de que pueda usarlos.

Las iglesias no sólo necesitan ayudar a los miembros a descubrir su propósito, sino que también deben ayudarlos a sentirse más cómodos con quienes son en general. Aquí es donde los cuestionarios sobre dones espirituales y otras evaluaciones pueden ayudar a las personas a comprender mejor lo que hacen mejor. Debemos ayudar a las personas a concentrarse en los dones que tienen en lugar de estar tensas acerca de los dones que no tienen. A menudo he utilizado la siguiente cita del libro de Marcus Buckingham y Curt Coffman, "Primero, romper todas las reglas":

> Ellos [grandes gerentes] reconocen que cada persona se motiva de manera diferente, que cada persona tiene su propia manera de pensar y su propio estilo de relacionarse con los demás. Saben que hay un límite de exigencia de cambio para cada quien. Pero no lamentan estas diferencias y tratan de molerlas. En su lugar, los capitalizan. Tratan de ayudar a cada persona a llegar a ser cada vez más de lo que él [o ella] ya es. En pocas palabras, esta es la única idea que escuchamos y de la que se ha hecho eco de decenas de miles de grandes gerentes:
>
> La gente no cambia tanto.
>
> No pierdas el tiempo tratando de poner lo que quedó fuera.
>
> Trate de sacar lo que quedó adentro.
>
> Eso es bastante difícil.[7]

David no podía ser como Saúl cuando salió a luchar contra Goliat. Tenía que ser él mismo y hacer lo que mejor hacía. Mientras Goliat estaba vestido como Saúl en plena batalla, David fue capaz de derrotarlo siendo fiel a la persona que era en ese momento, un simple pastor. Las personas de hoy en las iglesias lograrán su propósito de la misma manera, al ser quienes Dios creó a cada uno para ser, ni más ni menos. Sin embargo, al decir eso, no significa que no necesitarán más desarrollo personal para luchar en sus propias batallas de propósito. Lo harán, pero el propósito es siempre su punto de referencia.

   c) ... liberados para ser la expresión más plena y mejor de quién Dios los creó para ser.

Si bien las iglesias deben trabajar para ayudar a las personas a saber quiénes son —sus fortalezas, debilidades, dones y limitaciones— no debemos dejarlos en esa condición. Usted puede pensar que estoy siendo de doble mente, sugiriendo que la gente se sienta cómoda con lo que son, pero que no se queden siendo quienes son. Te aseguro que no.

Una vez que las personas encuentran sus dones, propósito, fortalezas y llamado, es hora de ir a trabajar. Las personas a veces le dejan a Dios para hacer lo que sólo ellos pueden hacer. A menudo he dicho que si eres ignorante y Dios te unge para hacer algo, entonces has ungido la ignorancia. Puede que te rías, pero es verdad.

Si eres músico, ¿no tienes que estudiar, practicar y tomar lecciones para hacer lo que haces o para mejorar? ¿No necesitas actuar para saber lo que es pasar del estudio a la actuación en vivo, haciendo que tu tiempo de ensayo de estudio sea más centrado y significativo? Si eres un jugador de béisbol, rugby o fútbol, ¿no tienes que hacer ejercicio, aumentar tu fuerza y habilidad, y jugar a menudo para conocer a tus compañeros de equipo, junto con sus tendencias, fortalezas y debilidades?

Si las personas con esos dones y propósitos deben trabajar en ellos, entonces tú también. Además, la Iglesia debería ayudarte. Las iglesias deben patrocinar seminarios de escritura, viajes en misiones (más sobre eso más adelante), capacitación teológica, talleres de negocios, talleres de consejería y una serie de otras sesiones apropiadas de capacitación y equipamiento para que las personas puedan desarrollar su confianza y habilidad.

En este punto, puedo oír a líderes y pastores decir: "¡Ese no es mi trabajo!" Sin embargo, sostengo que lo es, y la Biblia me apoya en esto. Pablo escribió,

> Fue El quien dio a algunos para ser apóstoles, algunos para ser profetas, algunos para ser evangelistas, y otros ser pastores y maestros, para preparar al pueblo de Dios para las obras de servicio, para que el cuerpo de Cristo sea edificado hasta que todos alcancemos la unidad en la fe y en el conocimiento del Hijo de

Dios y lleguemos a ser maduros , alcanzando toda la medida de la plenitud de Cristo (Efesios 4:11-13).

Los líderes existen para equipar a la gente para el trabajo y el ministerio. La gente no existe necesariamente para apoyar la visión de los líderes (más sobre eso más adelante). También debemos dejar de restringir el propósito o equipar a las personas sólo para el trabajo de la iglesia. También debemos estar listos para equipar y entrenar a aquellos cuyo propósito se cumplirá fuera de la iglesia.

No estoy insinuando que cada iglesia debe tener toda la capacitación que hay para sus miembros. Simplemente necesitan ser conscientes de lo que está disponible y dónde se puede encontrar para que los líderes puedan entrenar y alentar a sus miembros a ir por más, incluso si la iglesia debe ayudar a pagar parte de los gastos. Esto, por supuesto, asume que el liderazgo es consciente de lo que los miembros están llamados a hacer y dónde deben hacerlo.

Cuando muchas personas están buscando, preparándose y cumpliendo su propósito, requiere un tipo diferente de liderazgo, uno que no trate simplemente de controlar y mantener el orden. Requiere un liderazgo comprometido con el éxito de la gente, dispuesto a liberarlos a quien sea y lo que sea que les ayude a cumplir su propósito.

CAPÍTULO 4
PREGUNTAS PARA DISCUSIÓN O ESTUDIO

1. ¿Conoces tu propósito? ¿Qué tan específico es tu declaración de propósito? ¿Cuándo has detenido tus esfuerzos en un área específica porque no estaba conectado con quién Dios te creó para ser y hacer?

2. ¿Qué está haciendo tu iglesia para ayudar a los demás a encontrar su propósito? ¿Qué estás dispuesto a hacer para ayudar a esos buscadores de propósito?

3. ¿Qué crees que es una mejor inversión de tiempo y energía:

tratar de mejorar una debilidad o maximizar una fuerza? Justifica tu respuesta.

4. ¿Qué estás haciendo para mejorar tus fortalezas? ¿Qué más puedes hacer?

5. ¿Cómo te sientes acerca de que la iglesia juega un papel en la elevación de un ejército de propósito al proporcionar varias sesiones de entrenamiento y programas? ¿Es parte de lo que la iglesia debería estar haciendo? ¿Debe la iglesia ofrecer solamente capacitación espiritual, o puede ver un lugar donde la iglesia puede o debe patrocinar una variedad de oportunidades de capacitación?

6. Vuelve y lee 1 Samuel 17 en su totalidad de cómo David derrotó a Goliat. ¿Qué motivó a David? ¿Qué historia tenía que le dio la idea de que podía derrotar a Goliat? ¿Qué le dijo David a Goliat? ¿Estaba alardeando o diciendo la verdad?

7. ¿Cómo ha actuado la Iglesia como Saúl y su ejército? ¿El ejército estaba luchando o pasando por maniobras constantes? ¿El ejército animó a David? ¿El ejército avanzó o se quedó en el mismo lugar?

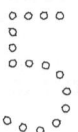

UNA LOTERÍA ESPIRITUAL

PASO DOS DE REFORMA:
EQUIPAR A LAS PERSONAS PARA HACER MISIONES (TANTO NACIONALES COMO EXTRANJERAS), PARA EMPRENDER NEGOCIOS, Y PARA LLEVAR A CABO CUALQUIER OTRA ACTIVIDAD QUE SU PROPÓSITO DICTE Y LA FE PERMITA.

He visto recoger innumerables ofrendas en las iglesias a lo largo de los años. He visitado iglesias que ni siquiera mencionan la ofrenda. Otros lo mencionan, lo recogen y avanzan lo más rápido posible. Algunos dan un poco de enseñanza sobre dar antes de recogerlas. Hay otros, sin embargo, que hacen de la ofrenda un evento, tratando de maximizar cada centavo dado.

Tal vez usted ha visto estas intensas ofrendas en la televisión cristiana. En esos casos, generalmente se hace un fuerte énfasis en algún tipo de retribución. Me imagino que este método se utiliza una y otra vez porque funciona. En una ofrenda de alta presión, por ejemplo, a veces se promete a las personas que si dan $951 a un ministerio o iglesia, recibirán la bendición de la sabiduría porque hay 951 versículos en Proverbios. Esto no tiene ningún sentido, pero regularmente veo escenarios como ese. Es más, por lo general hay un límite de tiempo dado también. El dinero debe ser dado en la próxima hora o la oferta de bendición a cambio de dinero en efectivo es rescindida.

La gente espera conseguir algo y conseguirlo rápidamente, buscando un atajo a la gloria o el éxito. No puedes culpar a alguien cuando él o ella compra una ganga. Sin embargo, he descubierto que no hay atajos ni gangas en el camino hacia el éxito, especialmente en lo que se refiere al propósito y a la voluntad de Dios. Algunas personas esperan contra la esperanza que su próximo regalo, u ofrenda de semillas como algunos lo llaman, les ayudará a ser rico y proporcionar grandes rendimientos. Esta gente está jugando lo que yo llamo la lotería espiritual. No existe tal cosa, y la mayoría de los que dan bajo esas circunstancias quedan gravemente decepcionados. Muchos de ellos, sin embargo, intentan de nuevo no mucho después de dar otro regalo de semilla, con la esperanza de que los haga ricos o exitosos.

Las iglesias y los líderes deben ayudar al pueblo a entender (y primero deben entender ellos mismos) que Dios no promueve ni utiliza a personas dotadas con potencial. Promueve a las personas superdotadas que han desarrollado su carácter mientras que también están desarrollando sus dones y propósito.

Desearía que me dispusiera un atajo para escribir este libro. Desearía aún más que pudiera encontrar un atajo para obtener un título o aprender un idioma. ¿No sería genial si un atajo fuera factible para iniciar un negocio que no implicara ningún riesgo y arrojara enormes rendimientos? ¿Y qué tal encontrar un atajo a través de la formación de personas, donde uno pudiera despertarse una mañana y estar libre de ira, lujuria o codicia?

Viajo por el mundo haciendo lo que hago ante todo por la gracia de Dios. Sin embargo, mi lema ha sido el de Pablo, tal como se encuentra en 1 Corintios 15:10 (NAS): "Pero por la gracia de Dios soy lo que soy, y Su gracia hacia mí no resultó vanidosa; pero yo obraba aún más que todos ellos, pero no yo, sino la gracia de Dios conmigo". He tratado de cooperar con la gracia de Dios y trabajar diligentemente. ¿Estás listo para hacer lo mismo? Ahora volvamos a la cuestión de cómo las iglesias pueden ayudar a un ejército de propósito a ser equipado y entrenado. Ya aludí a ella en el último capítulo; Volvamos y recojamos ese tren de pensamiento de nuevo.

a) Equipar a las personas para que hagan misiones (tanto nacionales como extranjeras), para lanzar negocios. . .

Señalé en el capítulo cuatro que las iglesias deberían proporcionar todo tipo de oportunidades de capacitación para sus miembros que también están abiertas a la comunidad local. Mucho material de capacitación está disponible hoy en día a través de Internet. Lo que una iglesia ofrece no debe ser aleatorio o simplemente por el bien de tener una sesión de entrenamiento. Debe estar orientado a las necesidades de las personas que persiguen un propósito. Permítanme darles un ejemplo.

Una vez estuve en una iglesia hablando el domingo por la mañana. Me detuve en medio de mi mensaje para tomar una encuesta informal, algo que nunca había hecho antes o desde entonces. Pregunté a las 300 personas presentes: "¿Cuántos de ustedes han pensado en escribir o ilustrar un libro para niños?". Para mi sorpresa, unas 50 manos subieron. Me di un lugar para los líderes que estaban sentados en el escenario detrás de mí y dije: "Necesitamos tener un taller sobre cómo escribir e ilustrar los libros para niños". El liderazgo me miró como si tuviera un cuerno creciendo por la frente. Hasta donde yo sé, ese seminario nunca se realizó, y mi conjetura es que a ninguno de esos 50 les llegaron a dar seguimiento a lo que había en su corazón y mente hacer un día.

¿Por qué una iglesia debería hacer eso? Deberían hacerlo porque uno de esos libros no escritos podría cambiar el mundo. Podría ser una fuente de bendición financiera y espiritual para el escritor. Ese libro no escrito podría llevar a los niños a conocer al Señor en algún momento futuro. Ese libro podría estimular la creatividad de un lector, y sus expresiones creativas posteriores también podrían tocar el mundo de alguna manera desconocida para nosotros en este lado de su escritura del libro.

La iglesia llora las vidas perdidas cada año a través del aborto. Nunca sabremos lo que el mundo perdió al no tener a esos bebés cumplir su propósito en el mundo. Sin embargo, se experimenta una pérdida similar cuando no permitimos que nuestras ideas, dones y creatividad lleguen a la madurez entre los vivos. Las iglesias son responsables de asegurarse de que eso no suceda. Debemos proteger la vida, pero también debemos asegurarnos de que la vida se exprese al máximo a través del propósito.

El título de esta subsección, sin embargo, habla de misiones y negocios. Parte de lo que las personas necesitan aprender no se pueden comprender en una sesión de enseñanza. Necesitan tener experiencia de primera mano en el campo o en la sala de juntas. Tendrán que ensuciarse las manos e incluso fallar en el corto plazo para tener éxito a largo plazo. Donde la iglesia puede, debe proporcionar oportunidades significativas de aprendizaje para las personas de propósito.

De vez en cuando, he enseñado una clase de misiones para las partes interesadas. Una de las declaraciones que hago en esa clase es la siguiente: "Cuando Dios quiere hablar con ustedes, a menudo los lleva de viaje". ¿Por qué? usted puede preguntarse. Permítanme darles un ejemplo más. Una vez volví de un viaje a Malasia, y me senté junto a un hombre que estaba en una pierna hinchada y con evidente dolor. Cuando le pregunté qué había pasado, me dijo: "Estaba en Malasia para celebrar el quincuagésimo aniversario del fin de la Segunda Guerra Mundial. Olvidé dónde estaba, me bajé de la acera y me atropelló un coche".

En Malasia conducen por el lado izquierdo de la carretera, al contrario de los Estados Unidos. Fue cuando mi declaración de clase de misiones me hizo aún más sentido. Cuando estás en casa, puedes realizar tareas automáticamente, sin siquiera pensar en cómo las haces. Cepillarse los dientes, conducir al trabajo, recibir el correo, todos estos son actos y eventos rutinarios. Sin embargo, cuando te vas a un nuevo lugar, te ves obligado a pensar en detalle sobre las tareas más simples y cómo las lograrás.

Cuando lo haces, eres más consciente y alerta (o de lo contrario puedes ser atropellado por un coche), y eso te hace más abierto a escuchar lo que Dios te está diciendo. Es así de simple y, por esa razón, la Iglesia necesita ayudar al mayor número posible de personas a salir de sus zonas de confort familiares para que puedan obtener un nuevo marco de referencia y una mejor perspectiva. Estas son algunas otras razones por las que la Iglesia debe enviar activa y estratégicamente a las personas o proporcionar oportunidades significativas de trabajo y/o ministerio.

1. **Llegan a casa cristianos más eficaces.** Las personas que regresan de los viajes misionales por lo general tienen un mejor manejo de las prioridades del ministerio, están más seguras y sirven en la iglesia local de manera más efectiva. Están equipados para volver a salir, armados con la experiencia de lo que la gente realmente necesita en lugar de lo que creen que pueden necesitar.

2. **Las Iglesias deben obedecer a la Gran Comisión.**

La Gran Comisión aplica por muy limitada o pobre que sea una iglesia y sus miembros. Jesús tenía claro que todos los creyentes deben ir. Dado que hay dos mil millones de personas en el planeta que nunca han escuchado el Evangelio ni una vez, todos deben hacer algo para llegar a los perdidos, no sólo al otro lado de la calle, sino también en todo el mundo.

3. **Las misiones a corto plazo pueden llevar a personas a ser llamadas a misiones a largo plazo.** Cuando las personas van, a menudo descubren que se les asigna para cumplir su propósito en otras tierras. Las oportunidades de misión, tanto en el país como en el extranjero, dan a las personas la oportunidad de participar en el trabajo y el ministerio para ver lo que pueden hacer. Cuando ven que lo que son y lo que hacen es más valioso allí que en casa, pueden concluir correctamente que Dios les está mostrando dónde necesitan invertir sus vidas y su propósito.

4. **Cuando la gente viaja en equipos a un lugar extranjero, la persona real sale, para bien o para mal.** Esto da a los entrenadores y mentores muchas oportunidades de abordar problemas que posiblemente podrían obstaculizar a las personas en el cumplimiento de su propósito en el camino. Necesitamos encontrar maneras para que la gente juegue en condiciones de juego, por así decirlo, para que podamos dirigir mejor su desarrollo de propósitos.

5. **Las misiones a corto plazo darán lugar a más oportunidades de capacitación antes y después de que las personas regresen y regresen.** Puede haber clases de idiomas, clases de ministerios interculturales y reuniones donde aquellos que quieran ir en el próximo viaje pueden escuchar de primera mano informes de lo que deben hacer para prepararse, así como lo que harán cuando lleguen a su destino.

He mencionado que debe haber muchas oportunidades para la formación en la iglesia local más allá de la formación teológica o bíblica. Permítanme sugerir un seminario más que sería apropiado para casi cualquier persona, y que es un seminario sobre cómo iniciar una corporación sin fines de lucro y recaudar dinero para esa organización. Cuando una iglesia enseña y promueve el propósito, no hay manera de que la iglesia, el movimiento o la denominación puedan financiar todas las expresiones de propósito que emanarán de ellos.

En consecuencia, la iglesia necesita equipar y capacitar a las personas para que levanten su propio apoyo y comiencen sus propias organizaciones para continuar con el trabajo. La mayoría de la gente cree que tener su propia organización sin fines de lucro es imposible o está fuera de su alcance, pero no lo es. Pueden utilizar su organización para obtener subvenciones y contribuciones corporativas, y para solicitar ayuda financiera de individuos e iglesias para viajes, trabajos de socorro, construcción, programas de alimentación, etc.

Y mientras estamos en el tema de los negocios, la iglesia también necesita proporcionar asesoramiento para las personas que quieren iniciar sus propios negocios. Algunas de las empresas ayudarán a las personas a financiar su trabajo misional. Otras empresas serán la misión real, para la empresa que alguien comienza puede ser la expresión práctica del propósito de esa persona. Cuando las empresas tienen éxito, la gente prospera, y la iglesia también prosperará.

b) ... y para llevar a cabo cualquier otra actividad que su propósito dicte y la fe lo permita.

Lo que he descrito aquí son elementos que conocemos. Cuando las personas se involucran en su propósito, se les dan ideas para lo que nunca se ha hecho antes. Por lo tanto, carecemos de las palabras o conceptos para incluso hablar de lo que algunas personas de propósito finalmente lograrán hacer. Por lo tanto, las iglesias deben proporcionar asistencia jurídica a las personas para patentar y hacer marcas. Las personas pueden necesitar el tipo de capacitación y aliento que no está disponible de ningún miembro o amigo de la iglesia, por lo que la iglesia puede necesitar explorar alrededor para obtener el consejo y la ayuda necesarios.

La iglesia puede proporcionar entrenadores y mentores para aquellos que buscan misiones y negocios, pero estos mentores deben saber lo que están haciendo. Deben ser personas espirituales con algún historial de éxito. Digo esto porque cuando era uno de los muchos pastores en una iglesia en una ciudad del sur, se animó a los miembros a someterse y discutir sus ideas con sus pastores. El problema era que muchos de los pastores eran inexpertos o hablaban en situaciones de vida para las que no tenían experiencia y, por lo tanto, no tenían ningún negocio. Tenemos que tener cuidado cuando colocamos el manto de mentor o entrenador sobre alguien para asegurarnos de que realmente pueda ayudar a las personas.

Y finalmente, este paso requiere que las personas sean entrenadas en el arte de confiar en el Señor. Si Dios asigna un propósito, también puede proveer para el propósito. Se debe enseñar a la gente a soñar y no dejar que las aparentes imposibilidades de sus sueños los detengan. Eso significa que deben escuchar acerca de los demás y de los demás en el presente o en el pasado, personas que hicieron o están haciendo grandes hazañas por Dios, con Dios y por medio de Dios. Necesitan que su fe se estire, pero no se vean abrumados por escuchar historias de personas con las que puedan identificarse y que puedan alentar su fe.

El propósito es un trabajo duro. No existe tal cosa como una lotería espiritual en lo que respecta a Dios. No hay una sola oferta financiera que pueda traerte lo que sólo una vida de trabajo diligente puede traer. Las iglesias necesitan ayudar a las personas a entender esta verdad. Entonces la gente necesita prepararse y entrenarse de manera práctica y espiritual para los desafíos y el éxito final; y hay que animarlos a hacerlo desde el púlpito y en las sesiones uno a uno. Esto puede incluso significar que algunos miembros estén menos disponibles para las tareas regulares de la iglesia, a fin de que puedan tener tiempo libre para aprender, crecer y prepararse para su propósito futuro.

Permítanme darles otro ejemplo del tipo de trabajo que creo que las iglesias deben hacer para ayudar a las personas a encontrar su propósito. Una vez estuve en el personal de una iglesia donde una familia que era miembro de larga data estaba frustrada con su papel en la iglesia y en la vida misma. Estaban a punto de salir de la iglesia cuando me reuní con ellos, identifiqué lo que estaban buscando y les pedí tiempo para elaborar un plan antes de que tomaran su decisión final de seguir adelante. Llamemos a la pareja Sam y Rachel.

Me reuní con los líderes de la iglesia y se nos ocurrió un plan para ofrecer a Sam y Rachel el puesto de pasantes misioneros con un salario anual que estaba por debajo del nivel de pobreza. Esto representó una reducción del 90% en el salario, ¡pero aceptaron el puesto! Luego establecimos un plan de un año para ayudarles a encontrar su propósito. Ese plan incluía que viajaran a cuatro países específicos para explorar las posibilidades de reubicarse allí. También asistieron a todas nuestras reuniones de personal. Visitaron los tres primeros países, pero regresaron diciendo: "Eso no es todo". Luego ellos visitaron el cuarto y llegaron a casa convencidos de que era la voluntad de Dios, y recientemente regresaron de servir en ese país por casi 25 años.

Por supuesto, esto contiene todo tipo de implicaciones para la iglesia local. Requiere alguien que entienda cómo ayudar a las personas a llevar a cabo el propósito de Dios. Significa que la iglesia está lo suficientemente cerca de sus miembros para saber lo que Dios les está diciendo y luego lo tomará en serio y lo seguirá para ayudar a las personas a superar los obstáculos para hacer cosas innovadoras para el reino de Dios. No creo que la preparación de propósitos empobrezca la iglesia de ninguna manera. Jesús sabe cómo edificar Su iglesia, universal y local, y necesita líderes que puedan cooperar y no obstaculizar Su plan para la Iglesia o para el pueblo en ella.

CAPÍTULO 5
PREGUNTAS PARA DISCUSIÓN O ESTUDIO

1. Lee Proverbios 14:23. ¿Cómo se aplica ese versículo al concepto de la lotería espiritual y a los atajos para el éxito?

2. ¿Alguna vez has considerado iniciar tu propia organización o empresa? ¿Qué sería?

3. ¿Crees que la Iglesia debe equipar a sus miembros para que funcionen por sí mismos, o la Iglesia sólo debe buscar construir su propio trabajo y ministerios?

4. ¿Es realmente la falta de dinero el principal problema que las iglesias y/o individuos enfrentan en su búsqueda de ser eficaces? ¿Cuáles son los otros obstáculos que pueden estar interponerse entre ellos y el éxito en la voluntad de Dios?

5. ¿Tiene o debe la Iglesia tener alguna función en el equipamiento de las personas para iniciar negocios o ministerios? ¿Cómo entiendes Salmos 24:1? ¿Es el trabajo de la iglesia extender el gobierno de Dios a todos los ámbitos de la vida y del trabajo?

6. ¿Qué dice Hebreos 11:6? ¿La fe es un evento o un estilo de vida? ¿Qué papel debe desempeñar la Iglesia para alentar a las personas a tener y ejercitar la fe?

7. Saca una hoja de papel. Haz una lista de todo el entrenamiento que te gustaría tener si tuvieras el tiempo y que marcaría la diferencia en lo que podrías hacer por el Señor.

8. Uno al otro lado del documento, enumera todas las sesiones de capacitación que tu iglesia podría ofrecer que puedan ser de interés para sus miembros y la comunidad.

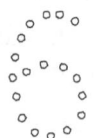

CAOS FUERA DE ORDEN

PASO TRES DE REFORMA:
AYUDE A LOS LÍDERES A SER PRODUCTIVOS EN SU PROPÓSITO AL SUPERVISAR EL CAOS DEL ESPÍRITU SANTO CREADO POR PERSONAS QUE PERSIGUEN Y CUMPLEN SU PROPÓSITO.

Ahora que hemos cubierto los dos primeros pasos, es hora de dirigir nuestra atención una vez más a la cuestión del liderazgo de la iglesia. Cuando me refiero a los líderes de la iglesia, esto incluye pastores, personal remunerado, ancianos, obispos, vicarios, diáconos, jefes de departamento, voluntarios o cualquier persona que esté guiando a alguien a lograr algo en un entorno de la iglesia. Si tiene dudas sobre si es o no un líder para el propósito de esta discusión, asuma que es o será. Eventualmente cuando estos Ocho Pasos surtan efecto, ¡necesitaremos todos los líderes que podamos encontrar!

Para empezar, veamos dos pasajes para ver ejemplos de lo que quiero decir con el caos del Espíritu Santo. Primero, leamos Hechos 6:1-7.

> En aquellos días en que el número de discípulos aumentaba, los judíos griegos entre ellos se quejaban contra los judíos hebraicos porque sus viudas estaban siendo pasadas por alto en la distribución diaria de alimentos. Así que los Doce reunieron a todos los discípulos y dijeron: "No sería correcto que descuidáramos el ministerio de la palabra de Dios para esperar en las mesas. Hermanos, escojan siete hombres de entre ustedes que se sabe que están llenos del Espíritu y de la sabiduría. Les entregaremos esta responsabilidad y les prestaremos atención a la oración y al ministerio de la palabra". Esta propuesta complació a todo el grupo. Eligieron a Esteban, un hombre lleno de fe y del Espíritu Santo; también Felipe, Procorus, Nicanor, Timón, Parmenas y Nicolás de Antioquía, un converso al judaísmo. Presentaron a estos hombres a los apóstoles, que oraron y pusieron sus manos sobre ellos. Así que la palabra de Dios se extendió. El número de discípulos en Jerusalén aumentó rápidamente, y un gran número de sacerdotes se volvieron obedientes a la fe.

Los siguientes puntos con respecto a los versículos anteriores son pertinentes para el caos del Espíritu Santo:

> Cada apóstol conocía su propio propósito, lo que le impedía ser absorbido por la crisis del día. En este caso, la crisis fue el creciente número de viudas no hebraicas que estaban siendo pasadas por alto en las distribuciones benévolas.

> Los líderes tenían su propio trabajo para hacer y nadie más podría hacerlo como ellos.

> El crecimiento de la iglesia causó problemas. Esto no era un indicativo de que algo estuviera mal con

la iglesia, sino que estaban haciendo algo bien.

Mientras los líderes escuchaban la voz del pueblo, volvían a poner el problema en la gente. Cuando la gente básicamente dijo: "Alguien necesita hacer algo", los líderes los convirtieron en el "alguien" que necesitaba participar.

Los líderes determinaron que el pueblo debía celebrar una elección. Confiaban en la obra del Espíritu en el pueblo hasta tal punto que tenían plena confianza en que tomarían la decisión correcta.

La iglesia tenía un grupo de talentos existente, si puedo usar esa frase, de la cual podrían atraer un liderazgo adicional. Estos hombres estaban llenos del Espíritu y de la sabiduría.

Los líderes sabían delegar y no tenían que hacer todo.

Hay mucho más que podría decir acerca de este pasaje, que se ha convertido en la piedra angular para cada mensaje de propósito que entrego. El único punto adicional que me gustaría destacar se encuentra en el versículo siete, que dice que la palabra de Dios continuó extendiéndose y la iglesia creció. Esto se debió a que esos hombres sabían cómo mantenerse concentrados y fluían con lo inesperado, lo que yo llamo el caos, que tiende a surgir en la vida de cada iglesia.

VISIÓN Y DOCTRINA

Los primeros líderes de la iglesia no tenían una visión de qué tipo de iglesia querían tener. En cambio, fluían con la visión que Jesús tenía para la iglesia. Esto significaba que tenían que ser flexibles con lo que tenían que hacer, pero rígidos en lo que se refería a la doctrina. Hoy a veces tomamos el enfoque opuesto: ¡somos rígidos con nuestra visión y flexibles con nuestra doctrina!

Esto es importante porque la rigidez en lo que se refiere

a la visión hará que los líderes descarten a aquellos en medio de ellos que no pueden contribuir al logro de esa visión. Cuando alguien tiene el deseo de ayudar a la iglesia, los líderes a menudo tratan de encajar a esa persona en algunos trabajos predeterminados. A menudo he dicho que puedes hacer lo que quieras en una iglesia, siempre y cuando sea con los ujieres, el coro o la guardería. Si no puedes ayudar allí, entonces muchas iglesias no saben qué hacer contigo (a menos que tal vez seas misionero).

Una vez trabajé con una iglesia que tenía un miembro que presentaba un plan para desarrollar un ministerio hacia los estudiantes de tierras extranjeras que estaban en su ciudad. La iglesia deliberó largo y duro porque esta "carga" no estaba en el alcance de la visión de los líderes para la iglesia. Lo que es más, el miembro había pedido algo de dinero para financiar el proyecto! Por lo general, cualquier equipo de liderazgo dice que no automáticamente. Sin embargo, para darle crédito a esta iglesia, los líderes dijeron que sí, y en poco tiempo, muchos de esos estudiantes extranjeros llegaron a conocer al Señor.

Esta historia personifica lo que yo siento como caos del Espíritu Santo, porque la idea del ministerio brota desde abajo, entre los miembros. No vino de la parte superior. Cuando usted hace espacio para que el Espíritu Santo trabaje en el pueblo, el Espíritu no tiene que seguir ninguna regla, protocolo, plan estratégico o visión predeterminados. Los líderes que quieren controlar el proceso pueden hacerlo fácilmente, pero luego se limitan a lo que solo ellos pueden ver en lugar de acceder a todo lo que podría ser. El segundo pasaje prometido que ejemplifica el paso tres se encuentra en Hechos 13:1-3.

En la iglesia de Antioquía había profetas y maestros: Bernabé, Simeón llamado Níger, Lucio de Cirene, Manaen (que había sido criado con Herodes el tetrarca) y Saúl. Mientras adoraban al Señor y ayunaban, el Espíritu Santo dijo: "Apartaos para mí Bernabé y Saúl por la obra a la que los he llamado."

Así que después de haber ayunado y orado, pusieron sus manos sobre ellos y los enviaron.

Bernabé desempeñó un papel clave en el renacimiento que estaba teniendo lugar en Antioquía y había traído a Saulo como su asistente. En algún momento, los líderes se tomaron tiempo para ministrar al Señor en oración y ayuno, y el Espíritu Santo habló que era hora de enviar a Bernabé y a Saulo como misioneros. El Espíritu no pidió permiso; No parecía importarle lo que Bernabé y Saulo estaban haciendo en la iglesia en ese momento o lo que su ausencia significaría para el equipo dejado atrás. El Espíritu habló y se esperaba que el pueblo respondiera. No estoy seguro de que esta misión fuera parte de la visión de la iglesia, pero eso no importó una vez que el Espíritu había hablado.

En el primer ejemplo de Hechos 6, vimos cómo un problema creaba una necesidad de un nivel completamente nuevo de liderazgo. En este segundo ejemplo, vemos cómo el Espíritu movió a las personas de acuerdo con Su propio plan y propósito. Usted puede entender lo caótico que puede parecer este tipo de ministerio a aquellos que quieren planificar su trabajo y trabajar su plan. Sin embargo, el propósito crea este tipo de desorden por el cual Dios no se disculpa.

Tenga en cuenta que este tipo de trastorno no es lo mismo que la confusión. La claridad de dirección se mostró en ambos casos, pero la dirección era un cambio de la forma en que la iglesia había estado llevando a cabo negocios. Desde una perspectiva humana podría parecer caótico, pero desde la perspectiva de Dios, tenía sentido. Esta es la razón por la que el Tercer Paso requiere que los líderes aprendan a vivir y responder al caos del Espíritu Santo.

CAMBIO: CAOS DEL ESPÍRITU SANTO

Responder a este tipo de caos requiere cambio y ajuste constantes. Como dije en el capítulo tres, para la iglesia el cambio debe ser tan normal como el desayuno, porque somos el pueblo guiado por el Espíritu. Sin embargo, he encontrado que la iglesia no es particularmente experta en la gestión del cambio, y comienza desde la cabeza.

Hace años, escuché a Peter Drucker, padre de los estudios de gestión modernos, decir: "La única manera de administrar el cambio es iniciarlo". No debemos tener el cambio impuesto sobre nosotros, sino más bien tener el valor y la fe para buscarlo e iniciarlo. Una vez que vemos el cambio como la norma y no como la excepción, podemos ayudar a administrarlo siguiendo los siguientes pasos:

Tener un plan de sucesión para los líderes, incluso si son los fundadores. Esa persona no vivirá para siempre y puede ser llamada a otra obra en cualquier momento, ya sea que le guste o la busque. Este proceso, sin embargo, no implica el derecho divino de los reyes. Si un miembro de la familia es la decisión de Dios para tener éxito, está bien. Si no, entonces nadie tiene el derecho de imponer su voluntad personal o su elección en el plan de sucesión, incluso, el fundador de la obra.

Todo el mundo debe estar entrenando y preparando a su sucesor sin importar la tarea que esté haciendo en la iglesia.

Tenga algunos medios por los cuales el liderazgo pueda escuchar y procesar lo que el Espíritu está diciendo a la gente. Después de todo, si los líderes están haciendo su trabajo, el pueblo escuchará de Dios. ¿No es importante saber lo que está diciendo aunque decida no hablarlo primero a los líderes?

Los líderes siempre deben estar evaluando lo que están haciendo bien y no tan bien. Esto les permitirá buscar mejores respuestas y personas más ungidas y talentosas para dirigir los ministerios de la iglesia. Cada iglesia necesita tener mecanismos de retroalimentación que les ayuden a entender su propia eficacia.

Debe haber un programa de capacitación continua que mejore las habilidades de liderazgo de los miembros y líderes, que discutiremos más en el capítulo once. Esto les permitirá enfrentar, abrazar y prosperar en el tipo de ambiente cambiante y aparente caos que el Espíritu crea.

No estoy en contra de la planificación. He encontrado, sin embargo, que nuestros planes no son infalibles, y ciertamente se basan en un conocimiento incompleto e imperfecto. Mi propia experiencia ha demostrado que esos planes necesitan ser revisados y revisados aproximadamente cada seis meses, ya que un nuevo movimiento del Espíritu puede crear un nuevo mundo de actividad. Una persona en su propósito puede crear la misma dinámica, al igual que cuando Bernabé y Saulo fueron apartados para su propio propósito.

En cuanto a nuestras respuestas al cambio, la visión, el caos y las personas, la actitud adecuada es esencial. Cuando los líderes creen que son dueños de la obra y del pueblo, tenderán a ser resistentes al cambio y pueden endurecer sus corazones a ella, viendo el cambio sugerido como deslealtad o rebelión. Con esto en mente, el Paso Cuatro abordará esta "actitud del propietario" que existe entre algunos líderes hoy en día.

CAPÍTULO 6
PREGUNTAS PARA DISCUSIÓN O ESTUDIO

1. Lee Hechos 6:1-7. ¿Qué lecciones de liderazgo puedes encontrar en ese pasaje?
2. ¿Qué lecciones hay en Hechos 6:1-7 para ti? ¿Estás esperando en las mesas, haciendo un buen trabajo que no es lo mejor que puedes hacer? ¿Qué estás dispuesto a hacer al

respecto?
3. ¿Cómo respondes al cambio?
4. ¿Qué tan bien responde al proceso de cambio, tu iglesia?
5. ¿Está creciendo tu iglesia? ¿Por qué o por qué no?
6. ¿Estás creciendo? ¿Por qué o por qué no?
7. ¿Cómo puedes tú o tu iglesia obtener más comentarios sobre su rendimiento? ¿Quieres comentarios? ¿Tu iglesia?
8. ¿Cuál es tu plan de desarrollo de liderazgo personal? ¿Incluye lectura, clases, viajes, nuevas experiencias de crecimiento y descanso?
9. ¿Tiene tu iglesia un plan de desarrollo personal para cada miembro del personal y voluntario? ¿Qué tal un plan de sucesión para el liderazgo? ¿Tienes uno para el puesto que tienes? Recuerda, nadie vive para siempre. También quieren estar preparados para las nuevas oportunidades que vendrán cuando Dios abra la puerta.
10. ¿Cómo hace un registro tu iglesia de lo que Dios está diciendo al pueblo? ¿Cómo rastreas lo que te está diciendo?

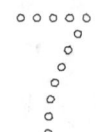

TODOS SOMOS MÁS INTELIGENTES QUE UNO DE NOSOTROS

PASO CUATRO DE REFORMA:
AYUDE A LOS LÍDERES Y A LOS ÓRGANOS DE GOBIERNO A PASAR DE LAS ACTITUDES DE PROPIEDAD A LAS ACTITUDES DE LIDERAZGO Y MAYORDOMÍA DE LOS SIERVOS.

El recuerdo de una reunión a la que una vez asistí se quedará conmigo el resto de mi vida. Estaba con un grupo de ancianos que tenían supervisión para una iglesia en declive. Los miembros y las finanzas eran la mitad de lo que eran unos años antes. Me habían invitado a ver si podía ayudar a crear una estrategia de mejora, ordenar el caos, que es mi propósito.

Durante la reunión, quedó claro que la junta de ancianos

estaba dividida, y muchos de ellos eran arrogantes. Recuerdo a un hombre sobresaliendo su pecho cuando declaró: "Soy un anciano. ¿Por qué no me informaron sobre este tema en particular?"

En ese momento, respondí: "Si fuera un anciano en este grupo, no estaría alardeando. ¡Habría dimitido hace mucho tiempo!" Entonces le pregunté a un hombre de negocios experimentado sentado en la mesa: "Si esto fuera un negocio, ¿qué harías?". Inmediatamente respondió: "Yo sacudiría el tablero mientras todavía había algo que sacudir". Desafortunadamente, nuestra reunión fue improductiva, no se tomaron decisiones, y la iglesia cojeó por largo tiempo, sufriendo una pérdida agonizante hasta que otra iglesia compró su edificio e incorporó lo poco que quedaba de la antigua iglesia en la membresía de la iglesia compradora.

Este es sólo un ejemplo de lo que he observado en muchas iglesias de varios países. A veces la culpa recae en los ancianos o en el pastor principal; en otras ocasiones es el pastor fundador, la esposa del pastor, o incluso el ministro de música. En algún momento, alguien comienza a hablar de "mi iglesia" o "mi personal". Esa es una señal segura de que el líder no se ve a sí mismo (o a sí misma) como un siervo, sino más bien como un propietario. Todos sabemos que los dueños actúan de manera muy diferente que los sirvientes.

En el capítulo dos describí el papel que Robert Greenleaf desempeñó en mi propia transformación y reforma de liderazgo. Antes de Greenleaf, estaba lidiando con mis tendencias hacia la mano dura y el control, sin hacer mucho progreso en la causa o la cura. Greenleaf me dio las herramientas y la información necesarias para seguir adelante.

He utilizado cuestionarios de retroalimentación de una empresa llamada The Leadership Circle (El Círculo del Liderazgo). Este instrumento en particular ofrece una evaluación en veintinueve áreas claves del estilo de un líder. La persona que está siendo evaluada elige a las personas para completar una encuesta anónima en línea, después de lo cual se compilan las puntuaciones. ¡Advertencia! Estos cuestionarios son reveladores y no deben emplearse a menos que uno de verdad quiera un proceso de retroalimentación precisa para el crecimiento y el desarrollo.

Mi perfil de liderazgo de 360 grados me mostró que mis esfuerzos, por la gracia de Dios, no han sido en vano. Obtuve un control muy bajo y mucho más alto en las relaciones de lo que jamás pensé posible hace treinta años. Permítanme repetir: No estoy en contra del liderazgo. Cada líder desempeña un papel importante en el plan de Dios. No creo, sin embargo, que cualquier líder tenga todo lo necesario para cualquier organización. Me suscribo a la máxima que dice:

> Todos somos más inteligentes y espirituales que uno de nosotros, pero...
>
> Todos nosotros no somos tan inteligentes o espirituales como necesitamos ser.

¿Has notado alguna vez cuán espiritual era el pueblo y cuán poco espirituales eran los líderes en los días de Jesús? Permítanme darles algunos ejemplos para probar la verdad de esa declaración:

1. El pueblo sabía que Juan era un profeta; los líderes no lo hicieron.

> "El bautismo de Juan, ¿de dónde vino? ¿Fue del cielo, o de los hombres? Lo discutieron entre ellos y dijeron: "Si decimos: 'Desde el cielo', él preguntará: 'Entonces, ¿por qué no le creíste?' Pero si decimos: 'De los hombres', tenemos miedo del pueblo, porque todos sostienen que Juan fue un profeta" (Mateo 21:25-26).

2. El pueblo sabía que Jesús era el Mesías; los líderes no lo hicieron.

Cuando los principales sacerdotes y los fariseos escucharon las parábolas de Jesús, sabían que estaba hablando de ellas. Buscaban la manera de arrestarlo, pero temían a la multitud porque la gente sostenía que él era un profeta (Mateo 21:45-46).

3. El pueblo sabía que los apóstoles habían realizado un gran milagro; los líderes querían matarlos por ello.

Cuando vieron el valor de Pedro y Juan y se dieron cuenta de que no eran hombres comunes y corrientes, se asombraron y tomaron nota de que esos hombres habían estado con Jesús. Pero como podían ver al hombre que había sido sanado de pie allí con ellos, no había nada que pudieran decir. Así que les ordenaron retirarse del Sanedrín y luego conferir juntos. "¿Qué vamos a hacer con estos hombres?", Preguntó. "Todos los que viven en Jerusalén saben que han hecho un milagro excepcional, y no podemos negarlo. Pero para evitar que esto se propague más entre el pueblo, debemos advertir a estos hombres que no hablen más a nadie en este nombre" (Hechos 4:13-17).

Ser un líder no era garantía de ser "correcto". No estoy sugiriendo que la multitud siempre es correcta, pero tampoco los estoy despidiendo porque siempre están equivocados. Los líderes en la época de Jesús eran hombres inteligentes y bien educados, pero necesitaban expandir su equipo para incluir a una variedad de personas con perspectivas diversas. Sólo Dios es perfecto, y le servimos y pedimos Su sabiduría. Puede dárselo a quien quiera, ya sea que no sean líderes u obispos. Eso depende de El, y nuestra función es buscarlo de cualquier fuente que haya escogido y responder en consecuencia.

Hay sabiduría y espiritualidad colectivas en un grupo de líderes, pero el grupo constantemente necesita expandirse para incluir más perspectivas y dones. Cuando los pocos en la parte superior limitan su contacto y la aportación de otros, el grupo y la iglesia finalmente sufrirán. Por lo tanto, los ancianos, pastores y diáconos son esenciales, pero no deben ser impresionados con su propia posición, de lo contrario lo dominarán por aquellos a quienes son designados para dirigir. Es así de simple.

¿Qué pueden hacer los líderes para combatir esta tendencia más humanista? Una cosa que pueden hacer es sumergirse en un estudio de las Escrituras que describa lo que son y hacen los líderes siervos. Pueden complementar sus estudios con algunos libros muy buenos sobre liderazgo que contienen las verdades de Dios en un formato no bíblico.

A menudo he oído a los líderes espirituales decir: "No se puede dirigir la iglesia como a la IBM", y tienen razón. Sin embargo, eliminar toda sabiduría del liderazgo simplemente porque no proviene de una persona espiritual es una insensatez. Durante los últimos veinte años, los líderes de la no iglesia han escrito la mayoría de los libros de liderazgo que me han hablado y han sumado más a mi comprensión del liderazgo. Mi trabajo es poner a prueba lo que escriben para asegurarme de que pueda ser «bautizado» con los principios de las Escrituras. Si esas verdades no violan las Escrituras, entonces esas verdades son en realidad verdades de Dios y se pueden aplicar a cualquier función de liderazgo. Por ahora, echemos un vistazo a algunos versículos importantes para ayudar a los líderes a entender el Paso Cuatro:

> "¡Ay de los pastores que están destruyendo y esparciendo las ovejas de mi rebaño!", declara el Señor.
> Por lo tanto, esto es lo que el Señor, el Dios de Israel, dice a los pastores que atienden a mi pueblo: "Porque has esparcido mi rebaño y los has echado y no les has dado cuidado, te otorgaré castigo por el mal que has hecho", declara el Señor. "Yo mismo

recogeré el remanente de mi rebaño de todos los países en los que los he llevado y los llevaré de vuelta a sus pastos, donde serán fructíferos y aumentarán en número. Colocaré pastores sobre los que los cuidarán, y ya no tendrán miedo ni aterrorizarán, ni faltarán", declara Jehová (Jeremías 23:1-4).

Esta palabra llegó a Ezequiel acerca de los pastores de Israel:

Me llegó la palabra del Señor: "Hijo del hombre, profetiza contra los **pastores** de Israel; profetiza y les dice: '¡Esto es lo que dice el Señor Soberano: ¡Ay de los **pastores** de Israel que sólo se cuidan a sí mismos! ¿No deberían los **pastores** cuidar del rebaño? Se comen las cuajadas, se visten con la lana y matan a los animales de elección, pero no cuidan del rebaño. Ustedes no ha fortalecido a los débiles o sanado a los enfermos o curado a los heridos. No han traído de vuelta a los extraviados ni buscado a los perdidos. Los han gobernado con dureza y brutalidad. Así que fueron esparcidos porque no habían **pastores**, y cuando fueron esparcidos se convirtieron en alimento para todos los animales salvajes. Mis ovejas vagaban por todas las montañas y en cada colina alta. Estaban esparcidos por toda la tierra, y nadie los buscó.

"Por tanto, **pastores**, escuchen la palabra del Señor: Tan seguro como que vivo Yo, declara al Señor Soberano, porque mi rebaño carece de **pastor** y así ha sido saqueado y se ha convertido en alimento para todos los animales salvajes, y porque mis **pastores** no buscaron a mi rebaño sino que se cuidaron a sí mismos en lugar de a mi rebaño, por lo tanto, oh **pastores**, escuchen la palabra del Señor : Esto es lo que dice el Señor Soberano: Estoy en contra de los **pastores** y los haré responsables de mi rebaño. Los sacaré de cuidar al rebaño para que los **pastores** ya no puedan alimentarse a sí mismos. Rescataré a mi rebaño de sus bocas, y ya no será comida para ellos.

"Porque esto es lo que dice el Señor Soberano: Yo mismo buscaré a mis ovejas y las cuidaré. Como un **pastor** que cuida de su rebaño disperso cuando está con ellos, yo también cuidaré de mis ovejas. Los rescataré de todos los lugares donde fueron esparcidos en un día de nubes y oscuridad. Los sacaré de las naciones y los recogeré de los países, y los traeré a su propia tierra. Los haré pastar en las montañas de Israel, en los barrancos y en todos los asentamientos de la tierra. Voy a cuidarlos en un buen pasto, y las alturas de las montañas de

Israel será su tierra de pastoreo. Allí se acostarán en buenas tierras de pastoreo, y allí se alimentarán en un rico pasto en las montañas de Israel. Yo mismo cuidaré a mis ovejas y haré que descansen, declara el Señor Soberano. Buscaré a los perdidos y traeré de vuelta a los extraviados. Vendaré a los heridos y fortaleceré a los débiles, pero a los fuertes los destruiré. Yo pastorearé al rebaño con justicia" (Ezequiel 34:1-16, énfasis agregada).

Hay suficiente en esos dos pasajes para requerir dos reformas. Cuando leo estos versículos, me siento desafiado y humillado, porque me recuerdan que los líderes son responsables ante el Pastor principal por el trabajo que hacen, y está observando atentamente. No tengo ovejas, ni iglesia, ni posición, ni favor, ni lugar de prominencia. Estoy llamado a servir, y lo hago no porque sea superior espiritualmente, sino porque Dios en Su gracia me ha llamado a cuidar de Su pueblo.

Los pastores deben alimentar a las ovejas en pastos donde crecerán. Con demasiada frecuencia, hemos enseñado a las personas cómo ayudar a una iglesia a crecer y hemos descuidado educarlas sobre cómo pueden crecer personalmente. En otras palabras, no debemos usar las ovejas para edificar nuestro reino, sino para ayudar a edificar el reino de Dios. El Señor extiende Su reino mientras las personas expresan su propósito tanto dentro como fuera de la iglesia. No estoy en contra del crecimiento de la iglesia, pero el crecimiento de la iglesia tiene lugar como se describe en Hechos 6 cuando la gente llega a conocer el propósito de Dios para sus vidas.

La práctica más importante para mejorar la reforma del liderazgo y, en consecuencia, avanzar en el Paso Cuatro es que los líderes necesitan escuchar. Eso es todo, sólo escuchar. Cuando voy a las iglesias, paso tiempo con la gente, y ellos me revelan sus sueños. Hablamos de su propósito y ellos comparten sus historias y experiencias. Luego voy a la dirección con mi informe de lo que escuché y lo que puede requerir en el futuro.

La gente me habla porque a menudo nadie más está escuchando, y tienen hambre de hablar. Soy consciente de que solo una persona no puede ser la unica que escuche, especialmente a medida que la iglesia crece. Es por eso que necesitamos expandir el liderazgo y equipar a los líderes para estar en contacto con el Señor a través del pueblo. Esos líderes necesitan escuchar lo que el Espíritu está diciendo y luego hacer recomendaciones de cómo el liderazgo puede moverse de acuerdo con lo que escuchan.

¿Cómo pueden los hombres y las mujeres a cargo mejorar su escucha? En primer lugar, tienen que dejar de hablar el tiempo suficiente para escuchar. Si hablan más del veinticinco por ciento de cualquier reunión, ¡entonces no están escuchando! El siguiente paso es aprender a hacer mejores preguntas, preguntas abiertas que atraen a las personas y las hacen pensar.

Luego resume lo que has aprendido de cualquier reunión y determina una manera de ayudar a esa persona. Si no puedes llevar a cabo estos pasos de acción y eres un líder, entonces encuentra a alguien que tenga talento para hacerlo y confía en ellos para darte su opinión, mientras desarrollas la habilidad para hacerlo tú mismo.

Si usted está contento, sin embargo, para predicar y controlar, para hablar y no escuchar, para poseer y no servir, entonces cada paso que he esbozado es inútil. La reforma que preveo no se basa en el liderazgo; se basa en la obra del Espíritu en la gente. Si no puedes manejar eso, entonces nunca lo verás. Y si no lo ves, entonces no puedes ir al Paso Cinco, que una vez más pone la carga en el liderazgo para establecer un estándar de excelencia que haga que las personas estén ansiosas por servir y participar.

CAPÍTULO 7
PREGUNTAS PARA DISCUSIÓN O ESTUDIO

1. Lord Action dijo una vez: "No hay peor herejía que cuando la oficina santifica al poseedor de la misma". ¿Qué quiso decir con esto? ¿Cómo se relaciona con el hecho de que la gente a menudo sabía más que sus líderes en los días de Jesús?
2. Lee 1 Corintios 12:13-31. ¿Cómo se relaciona esto con el concepto de líderes y seguidores en la iglesia? ¿Crees que los líderes actualmente pueden necesitar más seguir que dirigir?
3. Lee Colosenses 3:16. ¿Esto se refiere a los líderes o a todos?
4. Lee Hebreos 13:17. ¿Todos son iguales a la vista de Dios en la iglesia? ¿Qué autoridad legítima tiene un líder de la iglesia?
5. Lee Santiago 1:19. Observa que a menudo tendemos a ser rápidos para hacer lo incorrecto y lento al comportamiento correcto. ¿Cómo te evaluarías como oyente?

6. ¿Qué tanto escucha tu iglesia, especialmente a aquellos que no están en posiciones de liderazgo? ¿Cómo pueden mejorar? ¿Quieren mejorar?

7. Lee Ezequiel 34:1-16 una vez más. ¿Cuáles son las principales funciones que los pastores deben tener de acuerdo con este pasaje? ¿Qué tan bien cumples con esos roles? ¿Qué tan bien funciona el liderazgo eclesiástico en esas áreas? ¿Qué pueden hacer para mejorar?

8. ¿Qué están haciendo para ampliar el ministerio o el equipo de trabajo en el que prestas servicio? ¿Estás escuchando de todos los grupos: jóvenes, ancianos, minorías, mujeres y otras personas que no piensan o se parecen a ti?

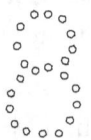

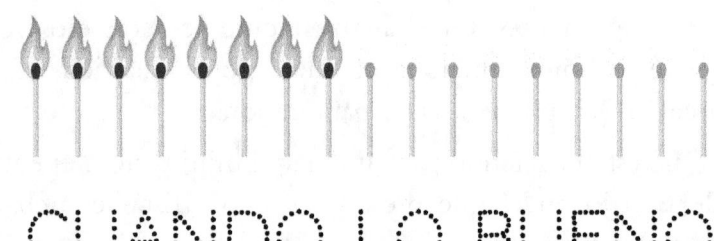

CUANDO LO BUENO NO ES LO SUFICIENTE

PASO CINCO DE REFORMA:
DESARROLLAR SERVICIOS, ESCUELAS DOMINICALES, LA IGLESIA DE LOS NIÑOS, REUNIONES DE JÓVENES E INCLUSO REUNIONES DE COMITÉS A LAS QUE LA GENTE QUIERE ASISTIR PORQUE IMPLICAN UN ESPÍRITU DE EXCELENCIA E INESPERADO.

Cuando comencé a enseñar lo que llamo los cinco principios de la mina de oro descritos en mi libro, *Life Is a Gold Mine: Can You Dig It?* (La Vida es Una Mina de Oro: ¿Puedes cavarla?) titulé mi sección sobre el establecimiento de la meta, "Ten cuidado en dónde cavas: cuando lo bueno no es lo suficientemente bueno". Una vez esa sección se anunció erróneamente como, "Cuando Dios no es lo suficientemente bueno", y la gente vino a ver lo que tenía que decir al respecto.

Por supuesto, Dios siempre es lo suficientemente bueno, pero a menudo nuestros esfuerzos por servirle y expresar Su bondad se quedan lamentablemente cortos.

La excelencia no se trata de tener el mejor equipo o usar la ropa más cara cuando se hace algo por Dios. Nada está necesariamente mal con esas dos prácticas, pero en realidad están muy por debajo de mi concepto de excelencia. Hablo de mi concepto más plenamente en el Apéndice, pero será suficiente por ahora que defina la excelencia como "haciendo todo lo que haces desde un corazón recto y de una manera digna de Dios!"

Esa definición muestra que tenemos un largo camino por recorrer en la búsqueda de la excelencia de la iglesia. Recuerden, no estoy hablando de perfección, sino de una actitud que siempre busca mejorar con los intereses de los demás en mente. Una manera de perseguir este tipo de excelencia es desarrollar sistemas de retroalimentación significativa que nos ayuden a medir lo que hacemos y cuan eficaz es llegar a otras personas.

Sé que esto abre una lata de gusanos, ya que muchas personas evitan cualquier tipo de evaluación de las cosas espirituales, diciendo que los resultados están en las manos de Dios, si estaba y está complacido, el trabajo estaba bien hecho, incluso si nadie pensaba mucho en ello. Otros dicen que si sólo una persona fue ayudada, entonces el esfuerzo valió la pena. Aunque esto suena espiritual, lo es realmente? Recuerda cuando miramos Hechos 6, el pasaje terminó con el versículo siete:

> Así que la palabra de Dios se extendió. El número de discípulos en Jerusalén aumentó rápidamente, y un gran número de sacerdotes se volvieron obedientes a la fe (Hechos 6:7).

Los resultados de que los líderes se concentraran y que eligieran diáconos, fueron que la Palabra de Dios se extendió y muchos llegaron a conocerlo. Los números son uno, y solo uno, mecanismo de retroalimentación que puede ayudar a una iglesia a determinar lo que está haciendo bien. Lo que los números indican sólo puede ser determinado por el liderazgo de la iglesia, pero los números siempre revelan algo. Consideremos otro pasaje importante, cuya malinterpretación ha impedido a las personas e iglesias perseguir la grandeza y la excelencia en su servicio a Dios:

> Yo soy la verdadera vid, y mi Padre es el jardinero. Corta todas las ramas de mí que no dan fruto, mientras que cada rama que da fruto se poda para que sea aún más fructífera. Ya están limpios por la palabra que les he hablado. Permanezcan en mí, y yo permaneceré en ustedes. Ninguna rama puede dar fruto por sí misma; debe permanecer en la vid. Tampoco pueden dar fruto a menos que se queden en mí.
>
> Yo soy la vid; ustedes son las ramas. Si un hombre permanece en mí y yo en él, dará mucho fruto; apartados de mí no pueden hacer nada. Si alguien no permanece en mí, es como una rama que se tira y se seca; tales ramas son recogidos, arrojados al fuego y quemados. Si permanecen en mí y mis palabras permanecen en ustedes, pidan lo que quieran, y se les dará. Esto es para la gloria de mi Padre, que den mucho fruto, mostrándose como mis discípulos (Juan 15:1-8).

He sido advertido muchas veces por pastores y cristianos en general para no hacer nada fuera de Cristo y de la voluntad de Dios. He trabajado con algunas personas que tenían tanto miedo de sacar al Señor de sus planes y de hacer algo fuera del propósito de Dios que a menudo terminaban sacando al Señor, en mi opinión, ¡sin hacer nada! Tenían tanto miedo de hacer lo incorrecto que no hacían nada. Algunos cristianos creen que cuando se vuelven más pacientes, no maldicen y no ven películas "malas", están siendo fructíferos en el centro de la voluntad de Dios. ¿Ese es el mensaje de Juan 15? Si apartados de Cristo no podemos hacer nada como individuos o iglesias, entonces es en El que debemos hacer algo, ¡tal vez muchas cosas! Si apartados de la vid, no podemos dar fruto, ¿no deberíamos dar mucho fruto como parte de la vid? Hemos hecho que todo el énfasis de Juan 15 sea negativo cuando debería ser desafiante y positivo. Si permanecemos en la vid, nuestras oraciones deben y serán contestadas. Si permanecemos en la vid, todo creyente dará fruto, no sólo un poco de fruto, sino mucho fruto. Mucho fruto honra a Dios, y eso implica que poco fruto lo deshonra. Y mucho fruto conducirá a más frutos, ya que Dios podará para que sea posible aún más fruto.

Si líderes y seguidores tuvieran claro este tema, podrían y deberían aferrarse unos a otros a un nuevo estándar de excelencia y fructificación. El estándar no sólo preguntaría: "¿Robaste?", sino que también preguntaría por ejemplo, "¿Cuántos huérfanos estás apoyando con los salarios que ganas?". Si estuviéramos de acuerdo en que Dios quería frutos y los quería en abundancia, no estaríamos contentos con un servicio dominical agradable y pacífico donde la reunión transcurriera sin problemas. Comunicaríamos un Evangelio muy diferente con diferentes estándares de adoración y comportamiento para el pueblo de Dios. Una comprensión ampliada de Juan 15 liberará a los líderes para que se concentren en la productividad y la excelencia de los resultados sin vergüenza ni ambivalencia.

¿SE LEVANTARÁ UN FRUTO REAL?

Un líder bíblico puede ayudar a disipar el mito de que el fruto es sólo lo que sucede en el interior de un creyente o iglesia. Si bien el fruto de la santidad es hermoso y necesario, no es el único fruto que Dios requiere. Un líder eficaz no se conformará con nada menos que el crecimiento máximo que el Espíritu Santo desea para Su parte del cuerpo y los miembros en él. El líder sólo necesita referirse a Efesios 2:10 para alentar a los creyentes a que su fruto es tangible, visible y, por lo tanto, medible: "Porque somos la obra de Dios, creada en Cristo Jesús para hacer buenas obras, que Dios preparó de antemano para que hagamos."

El fruto no debe limitarse a ninguna categoría porque Juan 15 no pone ninguna restricción o limitación al fruto. Las iglesias y las personas deben estar produciendo crecimiento y aumento en áreas de santidad personal, al mismo tiempo que promueven su propósito dado por Dios para que otros puedan llegar a conocer a Jesús. Las necesidades prácticas también deben satisfacerse a través de orfanatos, libros publicados, nuevos negocios y ministerios creativos que impactan en el mundo. Los líderes pueden impulsar la fuerza en este caso, para el fruto refiriéndose también a otra cosa que Jesús dijo:

> "Te digo la verdad, cualquiera que tenga fe en mí hará lo que he estado haciendo. Hará cosas aún más grandes que estas, porque yo voy al Padre. Y haré lo que me pidas en mi nombre, para que el Hijo traiga gloria al Padre. Puedes pedirme cualquier cosa en mi nombre, y yo lo haré" (Juan 14:12-14).

Cualquiera que sea la interpretación de las obras más grandes de Jesús, todos deberíamos estar realizando unas aún más grandes. Jesús nunca abrió un negocio u hospital, escribió o publicó un libro, construyó o plantó una iglesia local, o estableció orfanatos y fondos benévolos para alimentar a los hambrientos. No hizo ninguna de esas cosas porque las dejó para que Sus seguidores las hicieran, tanto al unísono como cuerpo o como individuos. No es que Jesús no pudiera hacer esas cosas, sino que restringió Su actividad para hacerlas a través y con Su pueblo.

Líderes que no se disculpan o tratan de excusar con teología las expectativas que Dios tiene en cuanto a dar fruto, pero que mantienen el estándar esperado por Dios, están por el camino correcto para producir fruto como líderes y ayudar a sus seguidores a hacer lo mismo. Es la voluntad de Dios para sus seguidores que den todo tipo de fruto y disfruten la sinergia de una iglesia que camina bajo el señorío de Cristo en el poder de su propósito individual y corporal. Una vez más, los números no son la única o el termómetro más importante para medir la excelencia. Cada iglesia debe definir el éxito en términos de su misión y propósito. ¿Qué medidas has establecido para tu trabajo personal o el de tu iglesia? Si no es con números, ¿entonces qué? ¿Cómo sabrás si estás, o cuándo estás alcanzando la meta?

Observa que el Paso Cinco requiere que todas las reuniones tengan un sentido de excelencia y expectativa. Por lo inesperado, no quiero decir que la gente deba manifestar un comportamiento extraño bajo lo que dicen es el liderazgo del Espíritu. No significa que las reuniones congregacionales deban durar cuatro horas. Significa que los resultados de lo que hacemos siempre deben superar las expectativas, y las expectativas deben ser altas. Si tú debes obligar a tus jóvenes a asistir a sus reuniones juveniles, por ejemplo, entonces tú tienes un problema en el departamento de jóvenes, y debe ser abordado y remediado. Lo mismo se aplica a cada actividad y evento en toda la iglesia.

Sólo hay una manera de obtener resultados ungidos dentro o fuera de la iglesia y es encontrar lo que la gente es ungido para hacer y ayudarlos a hacerlo. Las personas deben ser puestas en el lugar donde tienen la mejor oportunidad de éxito. Con demasiada frecuencia hemos colocado a personas donde había la mayor necesidad, sin importar si tenían o no los dones para funcionar en esa posición, y luego nos preguntamos por qué no estábamos recibiendo resultados sobrenaturales.

Pusimos a personas en la guardería a las que no les gustaban los niños, asignamos a personas antipáticas como ujieres y atendimos al departamento de jóvenes con voluntarios que no tenían ningún don para trabajar con los jóvenes. También les proporcionamos poca o ninguna capacitación. No es de extrañar entonces que obtengamos "poca unción" o menos que excelentes resultados. La presencia de Dios se libera cuando las personas llevan Su presencia con ellos a lo que hacen y esa presencia generalmente se identifica por gozo haciendo la obra.

Entonces, ¿qué hacemos cuando necesitamos a alguien que trabaje en la guardería, por ejemplo? Sugiero que pidamos a alguien que sirva durante seis meses y supervisemos su actuación. Les permitimos ser honestos y admitir si no son felices. Les damos algo de capacitación, pero no tratamos de forzarlos o manipularlos para que hagan un trabajo para Dios o la iglesia. Al final de los seis meses, les damos las gracias por sus servicios y les permitimos seguir adelante si eso es lo que quieren hacer.

Si las personas no están felices en su rol asignado, les aconsejo que no nieguen sus sentimientos. Pueden reconocer que están haciendo este trabajo durante una temporada, a pesar de que no se sienten cómodos. Agradecen a Dios por la oportunidad de servir y hacer Su voluntad, pero no les permito que hablen con otras personas de cómo se sienten. Al mismo tiempo, trato de ayudarles a encontrar una posición más adecuada en donde puedan usar mejor sus dones y propósito.

Las iglesias han intentado corregir el problema. El Paso Cinco se dirige asistiendo a conferencias, donde aquellos que han experimentado éxito comparten su sabiduría con aquellos que no han disfrutado del éxito o que quieren más de él. Esto ha llevado a un tipo diferente de problema donde las personas y los líderes buscan respuestas fáciles imitando el programa o las soluciones de otra persona. Voy a esbozar el remedio para esa tendencia en el siguiente capítulo.

PREGUNTAS PARA DISCUSIÓN O ESTUDIO

1. Lee Juan 15:1-8. ¿Dónde has puesto el énfasis. En estar en la vid o tener cuidado de no estar separado de la vid?

2. ¿Cuál es tu punto de vista sobre tus oraciones que se están respondiendo en este contexto?

3. ¿Estás de acuerdo con el punto de que el fruto es más que santidad? ¿Crees que lo que los cristianos hacen puede y debe medirse?

4. ¿Cómo se mide el éxito y la fructificación? ¿Cómo los mide tu iglesia? ¿Deberían medirse?

5. ¿Cómo se sienten al hacer obras mayores que Jesús como se menciona en Juan 14:12-14? ¿Estás de acuerdo en que es más que hacer los milagros que Jesús hizo, como levantar a los muertos o sanar a las personas lisiadas? ¿Hacer «trabajos mayores» se aplica a ti? ¿A tu iglesia?

6. ¿Qué tan comprometido estás con la excelencia tal como se define en este capítulo? ¿Estás de acuerdo con la definición? ¿Puedes pensar en uno mejor que estés dispuesto a seguir?

7. ¿Estás haciendo lo que mejor haces? ¿La gente de tu iglesia lo está haciendo también? ¿Cómo pueden hacerlo mejor?

8. ¿Toleras reuniones aburridas, ya sea que esté dirigiendo o participando? ¿Qué puedes hacer para mejorar? ¿Obligas a tu familia o seguidores a soportar reuniones aburridas? ¿Por qué?

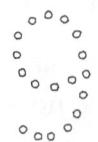

CUÁNDO NO SEGUIR AL LÍDER

PASO SEIS DE REFORMA:
PASAR DE MODAS, PROGRAMAS IMITADORES Y RITUALES, TRADICIONES Y DOCTRINAS TRILLADAS Y FALSAS A INICIATIVAS INNOVADORAS EN EL ESPÍRITU DE (PERO SUPERANDO LOS RESULTADOS DE) LA IGLESIA PRIMITIVA.

Cuando era niño, mis amigos y yo jugábamos a seguir al líder de vez en cuando. Nos divertimos mientras imitamos cualquier cosa que la persona que lideraba se sintiera inclinada a hacer. Desafortunadamente, muchas iglesias han optado por tomar esta ruta y jugar ese juego, y no ha funcionado muy bien. Lo que funcionó para un líder o movimiento de la iglesia en particular no siempre se puede transferir a otro líder o grupo. Pueden tratar de tomar el trabajo duro y los dones de otra persona y aplicarlo en su propia situación de la iglesia, pero eventualmente el entusiasmo se desvanece, y luego es hora de otra conferencia. La práctica de querer encontrar atajos para el éxito o para superar los problemas que se enfrentan rara vez funciona copiando a otra persona.

Sé que lo he dicho antes, pero debemos ser conocidos como el "cambio de la gente", porque somos guiados por el Espíritu. El Espíritu no nos lleva a cambiar por el bien del cambio, pero nos guía de nuevas maneras a aprovechar las nuevas oportunidades para llegar y tocar a más personas. Además de ser agentes de cambio, también debemos ser las personas más creativas del mundo.

Tenemos el Espíritu de sabiduría entre nosotros, por lo que no debemos tener que copiar a nadie para hacer lo que hacemos en la iglesia. Eso no significa que no aprenderemos de los demás ni siquiera emularemos lo que hacen de vez en cuando. Sin embargo, significa que cuando los emulamos, tenemos que asegurarnos de haber adaptado el cambio a nuestra iglesia o cultura en particular, por lo que es una buena opción para donde queremos aplicarlo. Echemos un vistazo de nuevo al pasaje de Hechos 6:1-7 que vimos en el capítulo seis.

> En aquellos días en que el número de discípulos aumentaba, los judíos griegos entre ellos se quejaban contra los judíos hebraicos porque sus viudas estaban siendo pasadas por alto en la distribución diaria de alimentos. Así que los Doce reunieron a todos los discípulos y dijeron: "No sería correcto que descuidáramos el ministerio de la palabra de Dios para servir las mesas. Hermanos, escojan siete hombres de entre ustedes que se sabe que están llenos del Espíritu y de la sabiduría. Les entregaremos esta responsabilidad y nosotros prestaremos atención a la oración y al ministerio de la palabra".

Esta propuesta complació a todo el grupo. Eligieron a Esteban, un hombre lleno de fe y del Espíritu Santo; también Felipe, Procorus, Nicanor, Timón, Parmenas y Nicolás de Antioquía, un converso al judaísmo. Presentaron a estos hombres a los apóstoles, que oraron y pusieron sus manos sobre ellos. Así que la Palabra de Dios se extendió. El número de discípulos en Jerusalén aumentó rápidamente, y un gran número de sacerdotes se volvieron obedientes a la fe.

La mayoría de las iglesias que tienen diáconos utilizan este pasaje para justificar el hecho de que lo hacen y no hay nada de malo en eso. Sin embargo, creo que hay más en este pasaje que simplemente instituir diáconos. La iglesia primitiva se encontró con un problema que nunca se había enfrentado, y se les ocurrió una solución creativa que ha durado siglos.

Ahora hay algunos que miran ese pasaje y lo estudian como una reliquia de cómo Dios trabajó en la iglesia primitiva. Lo veo como la puerta de entrada y modelo para el futuro. Al igual que los de Hechos 6, los líderes y las personas de hoy en día deben ser pioneros en soluciones creativas e innovadoras a los problemas que la iglesia y el mundo están buscando. Después de todo, tenemos el Espíritu creativo entre nosotros, poderosos dones espirituales y la promesa de que nada es imposible con Dios. Mira este pasaje de Proverbios y dime que no habla a la energía creativa disponible para nosotros en el Señor:

> El Señor me sacó como la primera de sus obras, ante sus obras de antaño; Fui nombrado desde la eternidad, desde el principio, antes de que comenzara el mundo. Cuando no había océanos, me dieron a luz, cuando no había manantiales que abundan con agua; antes de que las montañas se establecieran en su lugar, antes de las colinas, me dieron a luz, antes de que hiciera la tierra o sus campos o cualquiera de

los polvos del mundo. Yo estaba allí cuando puso los cielos en su lugar, cuando marcó el horizonte en la faz de las profundidades, cuando estableció las nubes por encima y fijó con seguridad las fuentes de las profundidades, cuando dio al mar su límite para que las aguas no sobrepasen su orden, y cuando marcó los cimientos de la tierra.

Entonces yo era el artesano a su lado. Me llené de deleite día tras día, regocijando siempre en su presencia, regocijándose en todo su mundo y deleitándose con la humanidad. Ahora bien, hijos míos, escúchenme; benditos son aquellos que guardan mis caminos. Escuchen mis instrucciones y sean sabios; no lo ignores. Bienaventurado el hombre que me escucha, mirando diariamente a mis puertas, esperando en mi puerta. Porque quien me encuentre encuentra la vida y recibe el favor del Señor. Pero quien no me encuentra se hace daño; todos los que me odian aman la muerte (Proverbios 8:22-36).

¿Hay otros ejemplos de creatividad de los que podamos extraer a medida que buscamos nuestra nueva reforma? Claro que las hay. Considere estos ejemplos:

- David luchó contra Goliat mientras el ejército de Dios pasó por maniobras, pero se mantuvo fuera de peligro. No luchó contra Goliat con medios convencionales. Luchó usando lo que había trabajado en el pasado, adaptado para su enemigo actual.
- Jesús sanó de diversas maneras, a veces con saliva, a veces con un toque, otras veces con una palabra.
- Pablo tuvo que involucrar a un mundo gentil creativamente con el mensaje del convenio judío cumplido en Cristo.

Además, tenemos innumerables ejemplos de creyentes a través de los siglos que buscaron, encontraron y aplicaron soluciones creativas. La fuente de su ingenio fue su fe. Considere Florence Nightingale, Dr. Martin Luther King Jr., George Washington Carver, William Wilberforce y David Livingstone, por nombrar solo algunos. ¿Por qué la iglesia no puede producir una vez más ideas creativas e innovadoras que solucionen los problemas sabiendo aprovechar el Espíritu de sabiduría?

La pregunta en cuestión es la siguiente: En Hechos 6, cuando la iglesia eligió diáconos, ¿ese acto representaba el modelo exacto a seguir, o expresaba un concepto que debíamos aplicar a los desafíos que enfrentamos hoy en día? Creo que este último es el caso. Hechos 6 modela un concepto y no sólo una regla. Esto es más que cada iglesia que tiene diáconos; se trata de que todos enfrenten sus desafíos con fe y creatividad, sin dejar de ser fieles a los cimientos de la fe.

Observe también que los líderes encontraron maneras de involucrar a la gente en el proceso. El pueblo votó sobre aquellos que encabezaron el ministerio enfocado a las viudas, y el pueblo eligió a los que eran creyentes de habla griega. Los apóstoles entonces entregan la responsabilidad de las viudas a los diáconos debidamente elegidos. Si no tienes gente en tu iglesia que pueda hacer eso, entonces no has hecho un buen trabajo en el desarrollo de personas. Y si tú eres miembro y no estás dispuesto a ser parte de la solución a un problema u oportunidad que la iglesia está enfrentando, entonces no debes quejarte y pregúntate por qué no quieren participar.

Mi iglesia tiene un departamento de consejería con dos empleados pagados y muchos otros consejeros que están en práctica privada y son compensados por citas de consejería en la iglesia a medida que se reservan y se pagan. La iglesia tiene programas creativos después de la escuela para abordar las necesidades educativas. Hay una cafetería que sirve almuerzos calientes y comida para que la gente pueda reunirse y conocerse (esa es una buena palabra para la comunión). La cafetería está abierta los domingos y alimenta a cientos de personas. Actualmente contamos con cuatro servicios, con la oportunidad de reuniones de grupos pequeños después de cada servicio. Los pequeños grupos han sido adaptados creativamente a la cultura de la iglesia a partir de otro exitoso programa de grupos pequeños de otra iglesia.

1. Cuando hacía parte del personal, quería complementar la creatividad de la iglesia con la mía. Estas son algunas de las cosas que hice.

2. Celebrar seminarios trimestrales de propósito que eran gratuitos y abiertos al público. Fueron cuatro horas de duración y propósito cubierto, perfiles de personalidad, dones espirituales, fortalezas y debilidades, y creatividad.

3. Para ayudarme a facilitar esos seminarios, recluté a personas para lo que yo llamé el Equipo de Diseño Divino. Nos reuníamos regularmente para hablar sobre el propósito y cómo podíamos promoverlo en la congregación. Luego asistieron a los seminarios y se sentaron en una mesa para facilitar las preguntas y los debates. Cada miembro estaba entonces disponible para reunirse con los demás uno a uno para ayudarlos a aplicar lo que habían aprendido del seminario.

4. Comencé una reunión mensual de apoyo a la creatividad llamada G1:Vivir la vida de un creador (G1 era la abreviatura de Génesis 1, donde la naturaleza creativa de Dios está en exhibición). Las personas se reunían para compartir su trabajo creativo, recibir comentarios, ser alentados o alentar a los demás. También enseñábamos, orábamos y discutíamos el concepto de creatividad.

Hemos trasladado esta sesión en línea desde que comenzó la pandemia.

5. Lancé un blog semanal en radio en el que destacaría a personas de propósito en la iglesia para estimular la visión y la creatividad de los oyentes.

6. Empecé a llevar a un grupo de personas cada año a Kenia para visitar a mis socios del ministerio allí. Con el tiempo, algunas personas sintieron que su propósito era acompañarme cada año. A algunos de ellos los ayudé a iniciar sus propias organizaciones sin fines de lucro para que pudieran recaudar dinero y centrarse en una necesidad específica que vieron que había como viudas, huérfanos o desarrollo comunitario

7. Fundé bibliotecas públicas en Kenia y recogí libros en los Estados Unidos para enviar allí. Un equipo de personas me ayudó a recolectar, ordenar, empaquetar y luego enviar los libros a nuestras bibliotecas kenianas.

8. Cuando dejé mi puesto de personal de la iglesia, fue para comenzar Urban Press para ayudar a la gente a publicar sus historias y testimonios. He estado disponible para ayudar a cualquier persona en la iglesia a publicar, a menudo a un precio reducido.

Ahora puedes pensar, "Esas ideas no son particularmente creativas. Algunas iglesias ya lo hacen". Si ese es tu pensamiento, tienes razón. Sin embargo, cada una de esas ideas no es sólo un programa imitador de otra iglesia. Todos ellos fueron moldeados creativamente y aplicados a la misión particular de nuestra iglesia, mi propósito, y los dones y propósito de los demás. Esas nuevas iniciativas no ocurrieron sólo porque estaban teniendo lugar en otras iglesias. Sucedieron porque eran adecuados para nuestra iglesia y para mi propósito. No tuvieron lugar porque les ordené que existieran, sino porque se llegó a un consenso de que estos programas estaban en la voluntad de Dios y eran buenos para el pueblo.

Cada programa no imitaba lo que otros decían o hacían. Expresaron la individualidad de nuestra iglesia y el don que representaban los miembros. Por ejemplo, no mucha gente enseña propósito de la manera en que lo hago. Eso no es un alarde, y no estoy diciendo que mi camino es la mejor manera, pero es único para mí. Quiero poner mi sello en cualquier iglesia o programa en el que esté. Quiero hacer espacio para las voces de los demás mientras hago un lugar para los míos.

Antes de seguir adelante, tengo un último punto sobre este tema. En este paso incluyo la frase, "en el Espíritu de (pero superando los resultados de) la iglesia primitiva". La iglesia primitiva tuvo un gran éxito porque Dios quería que tuvieran éxito. Su Espíritu estaba en medio de ellos y proclamaron y modelaron un nuevo mensaje con profunda alegría y celo. ¿Es algo que deberíamos considerar como una anomalía histórica? ¿Es esa la excepción o la regla para la obra de la Iglesia hoy en día?

Yo sostengo que esa es la regla y no la excepción. Ya he abordado que el crecimiento y el aumento están confirmando señales de que Dios está con cualquier iglesia. La falta de crecimiento y aumento son inaceptables (más sobre eso en el Apéndice). Si no hay aumento, entonces al menos debemos preguntar, "¿Por qué no?" Puede haber muy buenas razones, pero la pregunta debe hacerse, las respuestas buscadas y las soluciones aplicadas. Una razón por la que puede no haber crecimiento es que, al igual que David tratando de usar la armadura de Saúl, una iglesia está tratando de ser como otra iglesia que admiran en lugar de seguir el plan de Dios para su propia identidad.

Puedes objetar este punto. *Eso está bien para tu iglesia,*

Son grandes y tienen muchos recursos. Nosotros somos pequeños y tenemos recursos financieros y humanos limitados. Si eso es lo que estás pensando, entonces necesitas cambiar tu pensamiento. Nunca ha habido un día mejor para servir al Señor. Tenemos mejores medios de transporte, mejores y convenientes medios de comunicación, y un acceso más fácil a los materiales de capacitación como nunca antes. Tienes que dejar de poner excusas y empezar a convertirte en un cuerpo vibrante que encarna el Espíritu Santo de la vida y el crecimiento. Como verán en el siguiente paso, hay muchas maneras de impactar el mundo y desarrollar su propia identidad como un puesto avanzado del reino de Dios en el mundo de hoy. Volvamos nuestra atención a ese Séptimo Paso en el siguiente capítulo.

CAPÍTULO 9
PREGUNTAS PARA DISCUSIÓN O ESTUDIO

1. ¿Cómo defines la creatividad? ¿Es un pensamiento o idea que nadie más ha tenido, o puede ser que se aplique o combine creativamente lo que ya existe? Consideremos el agua embotellada. Los inventores no inventaron la botella ni el agua; simplemente combinaron creativamente los dos.

2. ¿Estás de acuerdo en que la iglesia debe ser una máquina creativa, por así decirlo? ¿Por qué crees que no ha sido más creativa?

3. ¿Quiénes son tus héroes creativos? ¿Quiénes son los que estimulan tu creatividad? ¿Tu iglesia busca soluciones creativas a problemas comunes, tanto dentro como fuera de la iglesia?

4. ¿Crees que el libro de Hechos representa a la iglesia como debe ser, o presenta un modelo de lo que la iglesia podría ser?

5. ¿Qué medidas puedes tomar para estimular y desarrollar tu creatividad?

6. ¿De dónde o de quién has copiado algo sin pensarlo para que sea parte de quién eres? ¿Tu iglesia ha hecho eso?

7. ¿Qué rituales muertos mantiene tu iglesia? ¿Tienes alguno personal? ¿Dices que no tienes nada? Considera el perfeccionismo. Puede ser un ritual si te niegas a producir, probar o mostrar a alguien cualquier cosa en la que estés trabajando hasta que sea justo.

8. Vuelve y lee Proverbios 8:22-36. ¿Suena como el Señor Jesús hablando? Ahora lee Colosenses 2:2-3. ¿Qué dice de Jesús allí? Parece que Dios esconde sabiduría, así que debemos buscarla. ¿Buscas sabiduría creativa? ¿Crees que puedes recibirla? Si es así, ¿qué evidencia hay en tu vida que estás recibiendo y aplicándola? ¿Qué tal en la vida de tu iglesia? ¿Está ahí?

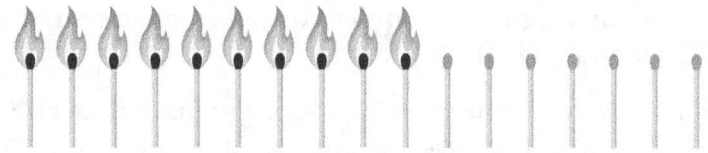

UN POCO PUEDE LLEGAR MUY LEJOS

PASO SIETE DE REFORMA:
ABORDAR Y SATISFACER LAS NECESIDADES DE LOS POBRES, LAS MINORÍAS ÉTNICAS Y LAS MUJERES DE TODO EL MUNDO.

La encuesta de 2014 de *Christianity Today* reveló que las iglesias con menos de 200 personas en asistencia a una reunión de adoración semanal tenían un presupuesto promedio de $219,370; con una mediana de $173,370. Para aquellos con 200-499 fieles, se informó de un presupuesto promedio de $675,290 y una mediana de $628,720. El porcentaje de los ingresos que van al personal es del 47%, edificios, servicios públicos y mantenimiento el 22%, los gastos del programa recibieron el 10% y las misiones duraron el 5%.[8]

No estoy cuestionando la necesidad de instalaciones o

personal de ninguna iglesia. Simplemente planteé la cuestión de las prioridades mientras examinamos las cifras del primer párrafo. ¿Deben los presupuestos de las instalaciones exceder los presupuestos de las misiones? ¿Casi el 50% de los ingresos se destinan demasiado a los salarios, o no son suficientes? Si la Gran Comisión que se encuentra en Mateo 28:19-20 es realmente grande, ¿no deberíamos gastar más de lo que estamos gastando en las necesidades del mundo, incluidas las necesidades de nuestros propios barrios del patio trasero?

> "Por lo tanto, vayan y hagan discípulos de todas las naciones, bautizándolos en el nombre del Padre y del Hijo y del Espíritu Santo, y enseñándoles a obedecer todo lo que les he mandado. Y ciertamente estoy con ustedes siempre, hasta el fin del mundo" (Mateo 28:19-20).

En mis viajes, he visto la pobreza como nunca he visto en los Estados Unidos, y me conmueve profundamente. Sin embargo, estaba atrapado en una mentalidad americana que *grande es mejor* y como lo que podía hacer no era muy grande o significativo, elegí no hacer nada en absoluto. Debido a que no podía dar $1,000, no di $100, no di $10; y como no podía dar $10, bueno, ya tienes la idea.

Las iglesias y sus líderes pueden tener el mismo pensamiento. Por lo tanto, no hacemos lo que podemos porque estamos atrapados en nuestro pequeño mundo, juzgando las necesidades de aquellos fuera de los Estados Unidos basándose en nuestra propia comprensión de lo que se necesita para hacer una diferencia "por ahí". Mientras tanto, las guerras, las hambrunas, las sequías, el genocidio y la opresión política traen sufrimiento incalculable a millones de personas cada año y la iglesia no hace nada porque considera lo que podría hacer como insignificante. Lo que Santiago escribió sigue siendo cierto hoy en día:

La religión que Dios nuestro Padre acepta como pura e impecable es esta: cuidar a los huérfanos y a las viudas en su aflicción y evitar que el mundo te corrompa (Santiago 1:27).

¿Qué más podemos hacer para aceptar este séptimo paso? No creo que sea sólo una cuestión de tratar de dar más de lo que ya tenemos. Sin embargo, hay algunas medidas prácticas que podemos tomar para aumentar nuestros ingresos a fin de que luego podamos aumentar las misiones que dan por el Evangelio y los pobres. Aquí hay algunos pensamientos.

1. Más enseñanza sobre el tema para educar a las personas que no tienen que participar en la carrera de consumidores para obtener más, mejores y nuevas posesiones materiales. La pandemia de 2020 ha enseñado a las personas que pueden vivir con menos, al mismo tiempo que refuerzan sin lo que no pueden vivir: familia, relaciones y bondad.

2. Más enseñanza sobre la entrega de sacrificios, que luego es modelada en la iglesia por líderes que no siempre conducen el mejor coche o viven en el hogar más agradable. ¿Qué pasaría si todos en una iglesia se les desafiara a bajar sus facturas de cable o teléfono en un 10% y luego dar los ahorros a las misiones?

3. Proporcionar ideas creativas de cómo las personas pueden aumentar la donación, no para edificios o proyectos, sino para las necesidades en el mundo. Estoy convencido de que muchas personas, así como las iglesias, tienen cosas que no han utilizado en un año o más. Esos artículos son objetivos principales para vender o regalar a alguien que los necesita. He visto a gente que no tenía "nada", o eso pensaban, recaudar doscientos dólares de una venta de garaje.

He visto a otros usar sus talentos para hornear galletas y venderlas a familiares, amigos o en su lugar de trabajo, también por cientos de dólares.

4. El tercer paso implicó ayudar a las personas a incorporar sus propias organizaciones sin fines de lucro para ayudar a los ministerios de finanzas y la pasiones de las misiones. Algunas personas y organizaciones no darán a las iglesias, sino que darán a las personas que conozcan y en las que confíen. Es por eso que tenemos que alentar a la gente a iniciar sus propios ministerios y organizaciones sin fines de lucro. Recuerden, se supone que la iglesia debe empoderar a los miembros para la obra del ministerio.

5. Al patrocinar más viajes de misiones a corto plazo, o dar a conocer aquellos patrocinados por otras organizaciones de renombre, las personas tendrán la oportunidad de ir y ver por sí mismas cómo es la vida en otras partes del mundo. Por lo general, llegan a casa más listos para compartir con los demás, tanto en el país como en el extranjero. Le he dicho a las audiencias que no creo que la experiencia de salvación de nadie esté completa hasta que tengan un pasaporte. De lo contrario, cuando esa persona dice, "Dios, iré a donde tú quieras", están siendo menos que honestos, porque no pueden salir del país con poca antelación. Muchos me dijeron que no podían salir del trabajo para aplicar, así que llamé al Servicio de Pasaportes de los Estados Unidos y los invité a venir a la iglesia donde estaba trabajando. Acordaron y establecieron un centro de procesamiento justo en el vestíbulo de la iglesia. En dos días, procesaron setenta y cinco solicitudes.

Usted puede pensar, "Espera un minuto, ¿no

deberíamos tomar el dinero que gastaríamos en esos viajes e invertir eso en misiones?" Si bien esa es una buena idea, el problema es que la mayoría de la gente no le dará a alguien por una causa como lo hará para financiar un viaje. El dinero invertido en un viaje puede ser visto como una inversión y dinero recaudado por causas una vez que la gente regresa como un retorno de esa inversión. Es por eso que debemos ayudar a las personas a recaudar dinero una vez que regresan a casa, capitalizando su entusiasmo y motivación para aliviar el sufrimiento que vieron de primera mano.

6. Ayude a las personas a darse cuenta de que lo poco que pueden hacer realmente puede llegar muy lejos.

7. Si nada más, tal vez sólo una revisión más fresca de lo que la Biblia tiene que decir acerca de los pobres sería todo lo que se necesita para conseguir el Paso Siete activado en cualquier iglesia. Aquí hay algunos pasajes a considerar sólo del libro de Proverbios, el libro de sabiduría acerca de ayudar a los pobres (debe ser una cosa sabia reconocer y luego tratar de satisfacer las necesidades de los pobres).

- El que oprime a los pobres muestra desprecio por su Creador, pero quien es bondadoso con los necesitados honra a Dios (Proverbios 14:31).

- Un pobre hombre suplica misericordia, pero un hombre rico responde con dureza (Proverbios 18:23).

- El que es bondadoso con los pobres presta al Señor, y lo recompensará por lo que ha hecho (Proverbios 19:17).

- Si un hombre cierra los oídos al clamor de los

- pobres, él también gritará y no será respondido (Proverbios 21:13).
- Los ricos y los pobres tienen esto en común: El Señor es el Creador de todos ellos (Proverbios 22:2).
- Un hombre generoso será bendecido él mismo, porque comparte su comida con los pobres (Proverbios 22:9).
- El que oprime a los pobres para aumentar su riqueza y el que da regalos a los ricos, ambos llegan a la pobreza (Proverbios 22:16).
- No exploten a los pobres porque son pobres y no aplasten a los necesitados en la corte (Proverbios 22:22).
- El que aumenta su riqueza por intereses exorbitantes la acumula para otro, que será amable con los pobres (Proverbios 28:8).
- El que da a los pobres no carecerá de nada, pero el que les cierra los ojos recibe muchas maldiciones (Proverbios 28:27).
- Los justos se preocupan por la justicia para los pobres, pero los inicuos no tienen tal preocupación (Proverbios 29:7).
- El pobre y el opresor tienen esto en común: El Señor da a la vista a los ojos de ambos (Proverbios 29:13).
- Si un rey juzga a los pobres con justicia, su trono siempre estará seguro (Proverbios 29:14).

La mejor respuesta a este paso no es necesariamente que las iglesias den más del dinero que tienen o reciben en su ofrenda semanal. La clave es empoderar a la gente de la iglesia para que haga más. Eso puede significar menos ofrendas especiales y algunos cambios en los presupuestos de la iglesia, incluyendo la construcción de un poco menos o algunas cosas que no están en absoluto, mientras hacemos algo con lo que tenemos. He visto a mis amigos en Africa construir grandes edificios de iglesias funcionales con muy pocos muebles o decoraciones. Se contentan con tener un lugar para reunirse, incluso si no es el más bonito o más cómodo.

Sé que podemos hacer más con menos, pero ni siquiera estoy pidiendo que eso suceda. Hago un llamado a las iglesias para que aumenten la conciencia de las necesidades del mundo y confíen en el Espíritu para que guíe a las personas, incluidos nuestros jóvenes, a abrazar y cumplir su función de satisfacer esas necesidades. Aquí hay dos ejemplos de mi vida.

Hace varios años, estaba viendo un programa de noticias, y tenían un informe sobre el efecto que los talibanes gobernantes estaban teniendo en las mujeres de ese país. Vi y escuché con horror, e hice algo que no hago a menudo: ¡lloré! Entonces oré y dije: "Señor, si necesitas a alguien que vaya allí en algún momento, estaré encantado de ir". Cinco años más tarde recibí una invitación para ir, y mi iglesia ayudó a que sucediera (pero no pagó todo mi viaje; simplemente me alentaron con un regalo de $5,000 para el viaje). Ese viaje cambió mi vida, y me referí a las lecciones que aprendí en ese viaje una y otra vez.

Hace unos diez años, se me ocurrió que he estado en Africa muchas veces y he llevado mucho conmigo con respecto a las finanzas, el estímulo y el propósito. Hemos detectado un problema desconocido. En consecuencia, comencé a recaudar dinero para lo que yo llamaba *The Sophia Fund* (Los Fondos de Sofía), nombrado en memoria de mi difunta madre que siempre parecía estar alimentando a la gente. El dinero fue designado para alimentar a viudas y huérfanos. Acepté el dinero a través de mi organización sin fines de lucro, *PurposeQuest International*.

Mientras escribo, he recaudado más de $250,000. Entonces comencé a coleccionar libros y enviarlos a Kenia para iniciar bibliotecas y he asumido el apoyo para muchos huérfanos. No fui corriendo a mi iglesia para hacer todo eso. Lo hice, y no soy nadie especial. Por lo tanto, si equipamos a otras personas para creer que pueden hacer lo mismo, recogerán dinero de las personas que sus iglesias nunca tocarán.

Estas dos historias son un microcosmos de lo que veo como la esencia del Paso Siete. Sé que historias como la mía pueden suceder con miles de creyentes. La Iglesia debe dar a las personas una visión para que vean y comprendan las necesidades del mundo y luego equiparlas para que puedan marcar la diferencia. Los miembros necesitan entender que su papel en la Iglesia no es sentarse y escuchar a otras personas que están haciendo un impacto, sino ser un impacto ellos mismos.

Si no pueden dar dinero, y muchos no pueden, entonces pueden darse a sí mismos, su tiempo y sus oraciones. Algunos pueden servir en las juntas de gobierno y ofrecer la sabiduría y la experiencia de su vida a aquellos que están haciendo un impacto. Otros pueden ofrecer su creatividad que podría conducir a alguna idea significativa o un avance para los pobres o los no alcanzados.

Allí tienen los Siete Pasos que recomiendo para una reforma de la iglesia deliberada en esta primera parte del siglo XXI. Estos Siete Pasos fueron parte de mi edición original, y en la siguiente sección, presentaré mi nuevo octavo paso. Estos siete pueden parecer radicales y arraigados en el idealismo, pero estoy convencido de que estos principios tienen el poder de cambiar la forma en que hacemos la iglesia tal como la conocemos. A modo de revisión, echemos un vistazo a los Siete Pasos una vez más.

LOS SIETE PASOS PARA LA REFORMA DE LA IGLESIA

1. Levantar un ejército de hombres y mujeres dirigidos por propósitos que tienen fe para hacer lo imposible, liberados

de tratar de ser quienes no son y liberados para ser la expresión más completa y mejor de quiénes Dios los creó para ser.

2. Equipar a las personas para realizar misiones (tanto nacionales como extranjeras), para lanzar negocios, y para llevar a cabo cualquier otra actividad que su propósito dicta y la fe permite.

3. Ayude a los líderes a ser productivos en su propósito al supervisar el caos del Espíritu Santo creado por personas que persiguen y cumplen su propósito.

4. Ayude a los líderes y a los órganos de gobierno a pasar de las actitudes de propiedad a las actitudes de liderazgo y mayordomía de los siervos.

5. Desarrollar servicios, Escuelas Dominicales, la iglesia de niños, reuniones de jóvenes e incluso reuniones de comités a las que la gente quiere asistir porque implican un espíritu de excelencia e inesperado.

6. Pasar de modas, programas imitadores y rituales, tradiciones y doctrinas trilladas y falsas a iniciativas innovadoras en el Espíritu de (pero superando los resultados de) la iglesia primitiva.

7. Abordar y satisfacer las necesidades de los pobres, las minorías étnicas y las mujeres de todo el mundo.

Puedes leer esos Siete Pasos y no saber por dónde empezar. Puedo entenderlo, y no quiero dejarte colgado. El siguiente capítulo incluye sugerencias más prácticas de cómo tú y tu iglesia pueden comenzar a aplicar los principios descritos en estos Siete Pasos.

CAPÍTULO 10
PREGUNTAS PARA DISCUSIÓN O ESTUDIO

1. ¿Qué haces por los pobres? ¿Cómo puedes hacer más?

2. ¿Qué hace tu iglesia por los pobres? ¿Sabes? ¿Cómo puede la iglesia hacer más?

3. ¿Tienes miedo de hablar de dinero en un entorno de iglesia? ¿Hablas demasiado de eso? ¿Cómo han afectado los escándalos del pasado a tu capacidad de pensar o hablar de dar?

4. Lee Filipenses 4:10-20. ¿Qué enseñó Pablo acerca de dar en ese pasaje? ¿Por qué quería que la gente diera? ¿Fue Pablo el destinatario directo de alguna de las donaciones? ¿Fue forzado a dar, o los filipenses dieron libremente?

5. Lee Lucas 21:1-4. ¿Quién estaba mirando cuando la mujer dio? ¿Quién está mirando cuando damos hoy? ¿Fue su ofrenda evaluada por lo que dio o lo que le quedaba después de dar?

6. ¿En dónde no has hecho nada porque no pudiste hacer todo? ¿Dónde no has dado un poco porque no podías dar mucho?

7. ¿Cuál de los Siete Pasos te afectó más? ¿Por qué crees que es eso?

8. ¿Qué cambios personales realizarás como resultado de los Siete Pasos?

9. ¿Qué cambios de la iglesia iniciarán para aplicar uno o más de los Siete Pasos?

10. ¿Qué tan conscientes son ustedes de la difícil situación de las mujeres y los niños de todo el mundo? ¿En tu propia nación? ¿En tu propia ciudad o barrio?

11. Lee Proverbios 21:13. ¿Cómo creen que no cuidar a los pobres puede afectar su vida de oración o la vida de oración de su iglesia?

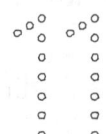

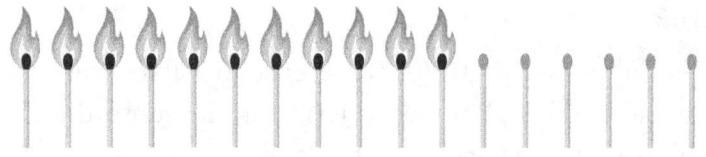

PEQUEÑOS PASOS PARA LOS SIETE PASOS

He esbozado un plan de siete pasos para ayudar a reformar la iglesia moderna de Jesucristo a fin de que pueda llegar a ser una entidad más deliberada y productiva. Los Siete Pasos están diseñados para lograr tres resultados:

1. Poner a los líderes más en contacto con el propósito de los miembros.
2. Poner a los miembros más en contacto con su papel en el cuerpo de Cristo.
3. Permitir que la iglesia esté orientada a propósitos, impulsada por la misión, audaz y enfocada en el exterior.

Todos estos pasos requerirán que los líderes desarrollen nuevos estilos y habilidades para ser líderes siervos más eficaces. Estos pasos también requerirán que los miembros ya no se contenten con ser espectadores en la obra de la iglesia. Exige que las iglesias hagan espacio para varios llamados y dones más allá de los roles tradicionales del trabajo de la iglesia como ujieres, coro y guardería.

Estos Siete Pasos son ideales elevados para que cualquier grupo o individuo persiga y requieren que los líderes y seguidores desarrollen mayor capacidad y habilidad de la que está presente actualmente en muchas iglesias. Para llegar a donde tenemos que ir, me gustaría recomendar tres pasos básicos que puedes tomar para ayudar a adquirir los siete Pasos y ganar impulso.

1. DESIGNAR UN PASTOR DE PROPÓSITO

Alguien a nivel de personal o liderazgo necesita convertirse en el campeón de propósito para su iglesia. Esto implicará que alguien tendrá que sumergirse completamente en los principios de propósito y estará disponible para ayudar a las personas a entender mejor cómo encontrar y cumplir su propósito. Esta persona ayudará entonces a las personas a crear estrategias para cumplir su propósito.

Cuando estuve en el personal de mi iglesia de 2009 a 2014, mi título era Pastor Administrativo para el Discipulado y decidí servir como pastor de propósito sin título o incluso hacer un anuncio en ese sentido. Mencioné algunas de las cosas que hice en el capítulo nueve, que fueron:

1. Celebrar seminarios trimestrales de propósito que eran gratuitos y abiertos al público. Fueron de cuatro horas de duración, donde se tocaron temas como perfiles de personalidad, dones espirituales, fortalezas y debilidades, y creatividad.
2. Para ayudarme a desarrollar esos seminarios, recluté personas para lo que yo llamé el Equipo de Diseño Divino. Nos reunimos regularmente para hablar sobre el propósito y cómo podríamos promoverlo en la congregación. Luego

asistieron a los seminarios y se sentaron en una mesa para facilitar las preguntas y los debates. Cada miembro estaba entonces disponible para reunirse con los demás uno a uno para ayudarlos a aplicar lo que habían aprendido del seminario.

Debido a que yo era el maestro principal en los seminarios de propósito, así como un pastor, la mayoría de las personas que querían una sesión de seguimiento después de los seminarios solicitaron una cita conmigo. En los cinco años en el personal, me reuní con unas 350 personas uno a uno. Vi a muchas personas involucrarse en la iglesia después de nuestras reuniones, y su participación estaba mucho más alineada con quiénes eran y lo que Dios los había creado para hacer. Ayudé a unas seis personas a crear sus propias organizaciones sin fines de lucro porque sabía que su propósito no encajaría en la estructura de la iglesia.

En mi opinión, este es el propósito que los pastores deben lograr regularmente. Mientras están ayudando a las personas con sus propósitos, los pastores de propósito también están ayudando a los líderes a entender el papel y las responsabilidades de la iglesia para ayudar a las personas a encontrar y cumplir el propósito. En consecuencia, el propósito de que los pastores también serían los que coordinarían el seminario de libros infantiles que recomendé al patrocinador de la iglesia (véase el capítulo cinco). En resumen, el pastor de propósito sería responsable de ayudar a las personas y a la iglesia a reconocer y actuar sobre todo lo que surja a medida que el Espíritu se mueve entre el pueblo o el liderazgo con respecto al propósito y la divulgación. Hay más sobre el papel de un pastor de propósito en la siguiente sección.

2. CENTRO DE PROPÓSITO DE VIDA

Espero que un Centro de Propósito de Vida (CPV) surja en cada iglesia con la aplicación de los Siete Pasos. Este

Centro será un lugar donde las personas, el liderazgo de la iglesia y las personas que gobiernan organizaciones se capaciten en los principios de propósito y productividad. El CPV tendrá un montón de recursos disponibles para ayudar a las personas sin importar el nivel de búsqueda de propósito. El pastor- propósito puede ser el director de la CPV o el liderazgo puede provenir de otra persona que trabaja en estrecha colaboración con el pastor-propósito.

El CPV llevará a cabo seminarios regulares para que los líderes se capaciten y sean equipados para que sean siervos llíderes más eficaces. También se ofrecerán recursos y capacitación para habilidades como escuchar, construir consensos y facilitar. Los líderes pueden encontrar entrenadores para ayudarlos con esas áreas clave de habilidades en el CPV, o simplemente pueden unirse a un CPV para la reflexión personal, leer libros de liderazgo en la biblioteca, o ver presentaciones en video sobre el desarrollo de liderazgo.

Los miembros también acudirán al CPV para recibir orientación y tutoría. Pueden asistir a talleres regulares sobre gestión del tiempo, creatividad, creación de empresas y organizaciones sin fines de lucro, escritura, diseño de sitios web y otros temas sobre desarrollo de medios de Internet. También puede haber una serie de cuestionarios de personalidad y otras herramientas de evaluación que ayudarán a las personas a entender mejor quiénes son y quiénes no, con alguien disponible para explicar los resultados mientras les ayuda a desarrollar planes de crecimiento y mejoramiento.

Los miembros también vendrán a ver o escuchar programas de capacitación y equipamiento de autoayuda. Habrá una biblioteca con libros de propósito, teología y liderazgo. Habrá grupos de lectura formados para estudiar diversos temas o para desarrollar habilidades específicas entre los asistentes. Habrá grupos de apoyo para escribir, que se reúnan regularmente para animarse mutuamente en el desarrollo creativo.

También habrá ayuda disponible para la publicación de obras personales, y se llevarán a cabo exposiciones de arte para alentar a los artistas emergentes. Obviamente, muchos de estos recursos pueden estar en línea para que las personas puedan acceder en cualquier momento que deseen. Una vez más, habrá más sobre esto en la siguiente sección.

El énfasis no será simplemente en la creatividad, sino en cualquier énfasis que "explote" en la gente. Por ejemplo, si hay una necesidad de experiencia empresarial, los expertos en negocios serán traídos para trabajar con las personas. Por supuesto, habrá un énfasis especial en la juventud, y los jóvenes pueden llegar a tener una comprensión completa de cuál es su propósito y cómo expresarlo ahora y en el futuro. Se hará todo lo posible para ayudarles a prepararse para el propósito y no cortocircuitar su propósito en aras de ganancias monetarias a corto plazo al tomar un trabajo no adecuado para quien Dios los hizo ser.

No hay fin a las posibilidades de un CPV que está estrechamente ligado a la vida de una iglesia local, red de iglesias, comunidad o denominación. Por supuesto, habrá recursos de Internet disponibles desde el CPV, a los que pueden acceder personas en cualquier parte del mundo, lo que convierte a CPV en una fuente de divulgación misionera las 24 horas del día, los 7 días de la semana. Podría seguir hablando de las posibilidades, pero creo que entiendes el punto. Cada CPV será único de acuerdo con la visión de la iglesia y las necesidades del pueblo, pero cada uno tendrá el mismo objetivo: equipar a las personas y los líderes para abrazar los Siete Pasos para una reforma intencional de la iglesia. Una vez más, más sobre esto en la siguiente sección.

3. UN PROGRAMA DE DESARROLLO DE LIDERAZGO

Leí una vez que el ochenta por ciento del tiempo de un líder debería dedicarlo a desarrollar al líder que tiene adentro.

No sé si el porcentaje es correcto, pero sé que los líderes necesitan pasar mucho tiempo afinando y perfeccionando sus habilidades de liderazgo. Además, los líderes de la iglesia necesitan tener un programa en el que también participen directamente en capacitar a las personas que tienen a cargo. Jack Welch, ex CEO de GE Corporation (General Electric Corporation), pasó el 33% de su tiempo de trabajo en el centro de capacitación de GE trabajando y capacitando a líderes en sesiones obligatorias. Durante estas sesiones, la dirección podría preguntarle cualquier cosa que quisieran sobre GE y su dirección y decisiones. Si Jack Welch pudiera pasar tanto tiempo entrenando, ¿cuánto deberían invertir los líderes de la iglesia en lo mismo?

Hubo un día en que los líderes se desarrollaron en la Iglesia y fueron enviados al mundo con una sólida cosmovisión cristiana y fundamento bíblico. Hoy, la realidad, es lo contrario. La mayoría de los líderes se forman en el mundo y luego vienen a la Iglesia. Esto a veces es incluso cierto para aquellos que vienen a dirigir la iglesia. No estoy insinuando que alguien que aprendió buenos principios comerciales no debe aplicarlos a la administración de la iglesia. Digo que la filosofía del liderazgo de los siervos no es frecuente en la iglesia porque las filosofías de liderazgo que se enseñan a los líderes hoy en día son trillados (el caso de la mayoría de las enseñanzas de la iglesia) o seculares (el contexto para las teorías humanistas).

La iglesia que quiere cambiar, implementando cualquiera de los Siete Pasos, necesitará un nuevo liderazgo, como se mencionó anteriormente en este libro, para que eso suceda. Es por eso que estoy recomendando un programa de capacitación de liderazgo en iglesias y seminarios que imparta las habilidades y el pensamiento necesarios para una reforma deliberada que la Iglesia necesita tan desesperadamente.

Dondequiera que he sido pastor o anciano, he impulsado una política o programa de capacitación obligatorio que involucre clases regulares y una conferencia anual a la que el personal asiste para mejorar sus habilidades. (La iglesia pagaría parte o todos los gastos siempre que sea posible). La iglesia también acordó pagar la mitad de cualquier escuela bíblica o cursos universitarios que estuvieran relacionados con el área en la que la persona del personal servía. Esto, sin embargo, sólo debe ser una parte de cualquier programa de desarrollo de liderazgo.

Cada empleado debe tener un programa de desarrollo personalizado sobre el cual trabajar. Eso puede significar un grado o grado avanzado. Podría ser una certificación en algún programa o habilidad especial. Cada líder superior, anciano, empleado y voluntario significativo debe desarrollar un plan personalizado. Cada cinco años, a un líder de cualquier nivel se le debe dar un tiempo sabático de tres meses, durante el cual harían algo consistente con sus metas educativas y de desarrollo y contribuirían a sus metas educativas y de desarrollo. También debe haber un viaje obligatorio a las misiones internacionales que cada líder debe realizar cada tres a cinco años.

Además, el liderazgo de la iglesia, trabajando con el pastor de propósito y los PDL (Plan de Desarrollo de Liderazgo), deberán trabajar diligentemente para reconocer a los líderes potenciales en medio de ellos, especialmente entre los jóvenes. Se podrán desarrollar planes y oportunidades para estos líderes potenciales para que la iglesia siempre esté trabajando para desarrollar líderes desde dentro de la iglesia. Esos líderes potenciales pueden servir a la iglesia en el futuro o seguir expresando su liderazgo en otras esferas de la vida, como la educación, el ejército, el gobierno o los negocios. De cualquier manera, la iglesia "gana" como un flujo constante de líderes calificados está disponible para la iglesia o la sociedad en general.

REFORMA

Como se dijo anteriormente, si queremos lo que nunca hemos tenido, debemos empezar a hacer lo que nunca hemos hecho. Esa es la esencia de la reforma. La reforma, sin embargo, es un asunto del corazón y no sólo de técnicas y programas. Si no hay un deseo de reforma, entonces los que están a favor de la reforma estarán en desacuerdo con aquellos a quienes les gustan las cosas tal como están.

Yo sostengo, sin embargo, que las cosas no pueden permanecer como están en la iglesia por mucho más tiempo sin que se haga aún más daño. Mientras escribía la primera edición, estaba de camino a casa de un viaje al extranjero donde escuché innumerables historias de horror de las fechorías y la falta de integridad por parte de los líderes de la iglesia y las "celebridades" de la iglesia cuyos nombres reconocerían si los mencionara, muchos de ellos estadounidenses, pero no todos. Ahora, mientras escribo la segunda edición, el mundo está en manos de una pandemia que ha obligado a las iglesias a alterar la forma en que desarrollan el ministerio. Tenemos que cambiar la forma en que hacemos la iglesia a partir de 2020 aún más que cuando escribí este libro en 2009.

Sigo creyendo en la Iglesia. Sé que Jesús dio Su vida para edificar la iglesia, y estoy llamado a ser un líder en esa iglesia. No debo retener mis dones o perspectiva si puede ayudarla a crecer y ser más eficaz para llegar a más personas. No estoy clavando estos Ocho Pasos a ninguna puerta de la iglesia como Lutero, exigiendo otra reforma. No me mudo a otra ciudad como Calvin hizo para tratar de construir una comunidad utópica. Estoy dispuesto a trabajar con lo que tenemos y lo que somos, tan imperfectos como todos somos (incluyéndome a mí).

Ahí tienes mi plan. Espero que promueva el diálogo y que me escriban con sus ideas, comentarios y críticas a los Siete Pasos, y aún así tengan el valor de avanzar en el octavo paso de la siguiente sección. Y lo que es más importante, espero que apliques algo de lo que lees a tu propio mundo. Si eres un líder, tienes una gran oportunidad de hacer una diferencia en la vida de muchas personas. Quién sabe, Dios puede darte una amplia plataforma más allá de tu propio mundo para impactar a muchas personas.

Si eres un seguidor, no tienes que esperar a que nadie más acepte estos pasos para la reforma. Lo más importante que puedes hacer es convertirte en una persona de propósito. Entonces determina expresar tu propósito, incluso si nadie viene a ayudarte. Dios te ayudará, y tú más Dios siempre hacen una mayoría. Si Dios es por ti, ¿quién puede estar en tu contra? Crece fuerte, constrúyete, y no pares. Dios no promueve el potencial; Promueve a las personas que han desarrollado su potencial. Puedes hacerlo sin el permiso o la ayuda de nadie, si es necesario.

Mi información de contacto está al final de este libro, así que por favor escribe cuando puedas. Házme saber tus historias de éxito y envía tus preguntas. Juntos podemos marcar la diferencia. ¿Te levantarás y serás contado en esta hora de necesidad crítica? Si es así, espero que este libro te ayude a ser un reformador con propósito en tu mundo y trabaja por eso. Y espero que pases a leer lo que tengo que decir sobre el paso ocho de la sección tres que implica el uso efectivo de las redes sociales y la tecnología.

CAPÍTULO 11
PREGUNTAS PARA DISCUSIÓN O ESTUDIO

1. ¿Tiene sentido para ti el concepto de Pastor de Propósito? ¿Hay alguien que conozcas que parezca dotado de reconocer el potencial o el propósito en los demás? ¿Conoces a alguien que tenga talento para escuchar y luego ayudar a otros a crear estrategias el camino a seguir? Ese es el tipo de persona que sería un buen Pastor de Propósito.

2. ¿Qué estás haciendo para crecer en la conciencia de quién eres y cómo te funcionas mejor?

3. ¿Qué plan tiene tu iglesia para reconocer el talento o el

propósito? ¿Con qué frecuencia se analiza esto en sus reuniones de liderazgo?

4. ¿Qué sencillos pasos podrías tomar para abrir un Centro de Propósitos de Vida? ¿Cuáles son algunos de los pasos que podrías tomar para que el Centro sea efectivo? (Una de las cosas que hice fue pagar para desarrollar mi aplicación móvil donde podía poner todos mis videos de capacitación y enseñanza y conectar a las personas con mi mundo.)

5. ¿Cuál es el plan de desarrollo de liderazgo de tu iglesia para equipar a líderes nuevos y existentes?

6. Los líderes son lectores. ¿Qué estás leyendo? ¿Qué libros quieres leer? ¿Promueve tu iglesia la lectura y el aprendizaje? ¿Cómo pueden hacerlo de manera más eficaz?

7. Si estuvieras a cargo del CPV, ¿qué harías durante el primer año?

8. Si se te diera la responsabilidad del PDL (Plan de Desarrollo de Liderazgo) de su iglesia, ¿cuál sería tu plan del primer año? ¿Qué formación ofrecerías y a quién?

9. Dado que tú eres responsable de tu propio desarrollo personal, ¿cuál es tu plan para el próximo año? ¿Los próximos dos años? ¿Cinco años?

NOTAS AL FINAL
DE LAS SECCIONES UNO Y DOS

1. Robert K. Greenleaf, *Liderazgo de Siervos* (Nueva York: Paulist Press, 1977), página 18.
2. Larry C. Spear, editor, *Insights on Leadership* (Nueva York: John Wiley and Sons, Inc., 1998), página 23.
3. *Ibidem*, página 25.
4. Robert K. Greenleaf, *On Becoming a Servant-Leader* (San Francisco: Jossey-Bass Publishers, 1996), página 129.
5. *Ibidem*.
6. *Ibidem*, página 140.
7. Marcus Buckingham y Curt Coffman, *Primero, Rompa Todas las Reglas* (Nueva York: Simon and Schuster, 1999), páginas 56-57.
8. https://www.pnwumc.org/news/how-churches-spend-their-money/

SECCIÓN TRES

AÑADIDO EN 2020

PASO OCHO:

UTILIZAR LA TECNOLOGÍA Y LAS REDES SOCIALES NO COMO UN PENSAMIENTO POSTERIOR O UN ESPECTÁCULO SECUNDARIO, SINO MÁS BIEN COMO ALGO IGUAL EN IMPORTANCIA PARA EL MINISTERIO CARA A CARA.

¿POR QUÉ ESTA NUEVA SECCIÓN?

En 1987, Stephen Covey escribió su clásico libro más vendido, The 7 Habits of Highly Effective People (Siete Hábitos de la Gente Altamente Efectiva), que tenía 372 páginas en la versión ligera. Luego, en 2004, publicó The 8th Habit: From Effectiveness to Greatness (El Octavo Hábito: De la Efectividad a la Grandeza), que era un libro sobre el propósito, y el octavo hábito era "encontrar tu voz y ayudar a otros a encontrar la suya". Ese libro de tapa dura tenía 378 páginas. Mi punto es que su octavo hábito tenía tantas páginas como los siete de sus hábitos anteriores. Prometo que esta sección no es del mismo tamaño que lo que ya has leído, pero está cerca.

Es difícil imaginar un libro que se centra en cambiar la forma en que hacemos iglesia sin incluir una sección sobre tecnología. Cuando escribí este libro por primera vez en 2009, era un novato en Facebook. Lo había estado usando por sólo tres años y había estado blogueando durante todo ese tiempo también. No recuerdo si estaba usando Twitter, pero Instagram,

Snapchat, la nube, los teléfonos inteligentes y los iPads estaban entrando en su apogeo. Una iglesia era considerada de vanguardia en 2009 si era capaz de poner su servicio dominical en línea utilizando su propio sitio web; las redes sociales aún no era una posibilidad como medio para hacerlo.

Ahora, en 2020, tenemos una explosión de opciones y oportunidades en las redes sociales, y francamente, la mayor parte de la Iglesia está atascada, utilizando poco o ninguna de las opciones disponibles. Algunas iglesias viven sus servicios y los mantienen en un archivo para futuras referencias. Algunos tienen blogs, salas de chat para la oración y el asesoramiento, y publican activamente otros recursos del ministerio.

Sin embargo, muchas iglesias aún no han hecho la transición a la era digital. Esas iglesias no tienen sitios web, no prestan mucha atención a las redes sociales y son adictas a lo que yo llamo ministerio cara a cara. A menos que alguien entre por la puerta de la iglesia, no hay relación o intento de establecer una, ni existe la creencia de que el ministerio significativo puede suceder aparte de los encuentros personales.

He aquí, en 2020 tenemos una crisis mundial conocida como la pandemia del virus COVID-19. El mundo entero fue enviado a casa, incluida la Iglesia, y todos, incluida la Iglesia, tenían que utilizar una cosa para mantenerse en contacto: ¡las redes sociales a través de la tecnología! Teníamos gasolina en nuestros tanques y ropa en nuestros armarios, pero a ningún lugar a donde ir, así que o miramos la televisión, leímos un libro o aprendimos a utilizar cosas como Zoom, Facebook, GoToMeeting, LinkedIn, o para algunos, las características de un teléfono inteligente.

Muchos líderes con los que hablo son ambivalentes o francamente hostiles hacia el concepto de cualquier cosa que no sea el ministerio cara a cara, y lo dejaban ver claramente en su comportamiento cuando se utilizaban las palabras "redes sociales". He visto muchas "transmisiones" de la iglesia en

Facebook durante este tiempo de refugio en su lugar, y está claro que están incómodos y listos para volver a lo "normal" tan pronto como suene la alarma de que todo está bien. La mayoría simplemente ha tratado de replicar sus servicios en vivo en línea sin que nadie esté mirando, aunque los que observan tengan alguna necesidad de oración, o si los que observan son "visitantes" al servicio en línea. Eso me dice que su presencia en línea es una medida provisional que no está siendo considerada como una característica permanente o un accesorio en el repertorio ministerial de la iglesia.

¿Por qué mi generación odia las redes sociales? Cuando planteo esa pregunta, escucho las quejas habituales:

"Aquellos que usan las redes sociales son ensimismados".

"No tengo tiempo para nada más que preparar mi mensaje dominical y cuidar las necesidades de los que están en la iglesia".

"Si desplegamos las redes sociales, las personas se quedarán en casa y no asistirán a la iglesia".

"La gente tiene que dejar de jugar con sus teléfonos y prestar atención unos a otros."

"No tenemos dinero para la tecnología".

"No tenemos ningún interés en transmitir lo que hacemos al público en general. Nuestra primera responsabilidad es cuidar de los nuestros".

"Las redes sociales destruyen las relaciones, y la Iglesia tiene que ver con las relaciones. Debemos tener tiempo cara a cara para construir y cultivar relaciones".

Estoy seguro de que puede agregar otros lamentos a la lista, aquellos a los que ha escuchado o pronunciado usted mismo.

Antes de la pandemia, las oportunidades del ministerio disponibles a través del uso creativo de las redes sociales eran enormes, y ahora son aún mayores. Por ejemplo, una sexta parte de la población mundial está ahora en Facebook. A la

Iglesia se le dio a la Gran Comisión para que entrara en todo el mundo, así que ahora podemos simplemente ir a nuestra computadora (o teléfono) para llegar a una gran parte de ella. Cuando "vamos", tenemos acceso a hacer o decir casi cualquier cosa que queramos y la gente es libre de leer o no, responder o no, reflexionar o no. ¿Qué pasaría si prestamos tanta atención a nuestra presencia en línea como a nuestra presencia en persona? Esa es la pregunta que estaba haciendo antes de la pandemia.

Las nuevas preguntas más relevantes son ahora, *¿Qué sucederá si no prestamos tanta atención a nuestra presencia en línea? ¿Qué va a pasar con nuestro modelo financiero de la iglesia? ¿Cómo financiaremos el ministerio? ¿Se quedará la gente en casa después de la pandemia? ¿Se censurará, pirateará, editará o utilizará nuestro contenido? ¿Qué pasará con aquellos que actualmente son adictos al ministerio cara a cara si no abrimos la iglesia? ¿Irán a otra iglesia?*

Todas estas son preocupaciones reales, y no estoy aquí para predecir lo que sucederá. Todo lo que digo es que el cambio a la tecnología que era opcional antes de que la pandemia es obligatoria ahora. Antes del COVID-19, la asistencia a la Iglesia había bajado; ahora es casi inexistente. A la gente no le gusta el cambio y cambiar a un uso más amplio y estratégico de la tecnología es un gran cambio. Para algunos, asistir a un servicio de la iglesia ancló su semana; para otros era un ritual. ¿Qué sucederá cuando se dé la señal para volver? ¿Seguirá la gente confiando en las redes sociales, aprensiva para reunirse por miedo a una nueva ola de enfermedades?

En mi opinión, esto representa una oportunidad significativa para que la Iglesia haga lo que debería haber estado haciendo a través del uso apropiado y agresivo de la tecnología. Dios está usando esta pandemia, como otras plagas, hambrunas y catástrofes pasadas, para despertar y reposicionar a Su pueblo para un ministerio y testimonio más eficaces.

Una vez asistí a una reunión para algunos pastores de

discipulado de mega iglesias. Estaba promocionando los beneficios de usar la tecnología para la capacitación, los testimonios y todo tipo de prácticas de discipulado que no eran nuevas, pero que por lo general se entregaban de la manera tradicional. Había otro pastor que tenía la mitad de mi edad y seguía descartando lo que dije: "No necesitamos usar ninguna tecnología. ¡Necesitamos que la gente esté con nosotros para que aprendan cómo hablar de nuevo!" Esto continuó durante tres días.

Al terminar nuestro tiempo, uno de los otros pastores que estaba más cerca de mi edad que mi "oponente" me dijo: "Hablas como nuestro joven amigo debería haber hablado, y él habla como yo hubiera esperado que hablaras". En otras palabras, se sorprendió de que alguien en sus sesenta años (en ese entonces) fuera un defensor de la tecnología en la Iglesia. Tal vez sería útil si comparto con ustedes en el siguiente capítulo cómo llegué a usar las redes sociales como lo hago que ha llevado a las recomendaciones que estoy haciendo en esta sección. Antes de llegar allí, sin embargo, permítanme mantener el mismo formato que tenía en las dos primeras secciones proporcionando algunas preguntas para el pensamiento y la discusión.

CAPÍTULO 12
PREGUNTAS PARA DISCUSIÓN O ESTUDIO

1. ¿Cuál es tu actitud hacia las redes sociales? Si tú estás en el liderazgo de la iglesia, ¿cuál es la actitud de tu iglesia?

2. ¿Cuál es tu filosofía para el uso de las redes sociales? Si tú estás en el liderazgo de la iglesia, ¿cuál es el uso de tu iglesia?

3. ¿Hay algún beneficio en el uso de las redes sociales como he descrito en este capítulo? ¿Cuáles son los inconvenientes según tu punto de vista?

4. ¿Están de acuerdo en que la Iglesia en general ha tardado

en adoptar la tecnología como medio para mejorar el discipulado? Si es así, ¿está justificado? ¿Por qué o por qué no?

5. ¿Cuál fue tu experiencia con las redes sociales durante la pandemia? ¿Has hecho alguna diferencia en la forma en que utilizarás la tecnología en el futuro? ¿Cuáles son esos cambios?

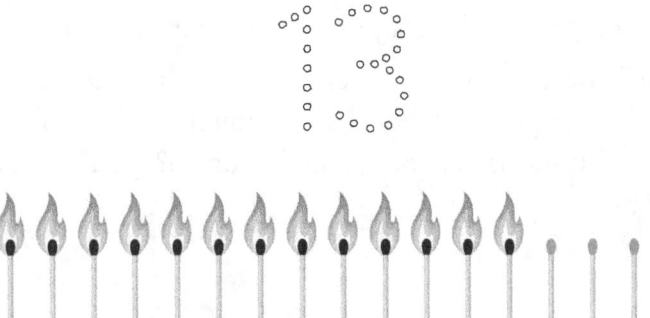

MI CAMINAR EN LAS REDES SOCIALES

Puedes etiquetarme como un adoptante temprano de las redes sociales y la tecnología con 20 años de experiencia mientras escribo. No tuve más remedio que cambiar a la tecnología cuando en 2001, tuve mi propia pandemia ministerial. De repente me aislé y me puse en cuarentena de todas mis relaciones ministeriales debido a la decisión que tomé de dejar una iglesia y seguir adelante para cumplir con mi propio ministerio. Cuando dejé esa iglesia, perdí todo —amigos, oportunidades de ministerio, finanzas e identidad— y casi perdí mi cordura. A la edad de 51 años, ¿qué iba a hacer? No tenía a nadie a quien pedir ayuda, pero sabía que tenía un mensaje sobre el propósito de la vida que había comenzado a llegar a las personas.

Mi primer pensamiento fue iniciar un sitio web, pero ¿de qué sirve eso? La gente lo miraría una vez y luego se olvidaría de ello, a menos que tuvieran algún incentivo o recordatorio para ir allí una y otra vez. Luego leí un libro de Seth Godin que hablaba del Marketing del Permiso. El objetivo, explicó, no era interrumpir e interceptar la atención de la gente, sino construir relaciones con posibles lectores en línea que darían la bienvenida, o al menos no le importaría, si les enviaba actualizaciones regulares. Me habían dado permiso para hacerlo. Más sobre eso más tarde.

Mi idea era empezar a escribir lo que yo llamaba el Memorándum del Lunes que se centraría en el tema de propósito y fe cada semana. Desde que muchas personas me habían dicho a lo largo de los años: "Amamos tu mensaje, pero necesitamos más ayuda para entender cuál es nuestro propósito".

Pensé que si escribía todas las semanas —enviándolo a personas que querían saber de mí y me daban permiso para enviar un correo electrónico— entonces podía promocionar mi sitio web, vender libros y promover la causa de mi mensaje de propósito, todo al mismo tiempo.

El Memorándum del lunes comenzó a llegar a ocho personas que se inscribieron después de dirigir un taller en Ohio, pero rápidamente creció. Cuando finalmente puse en marcha mi sitio web, funcionó como esperaba, hasta cierto punto. Al aparecer cada semana, le di a la gente una razón para visitar mi sitio web, aunque no vendí ningún libro. La gente estaba ansiosa por obtener las cosas gratuitas de mi sitio, pero no tenían prisa por comprar libros o servicios de coaching, ni para contribuir a mi ministerio.

A medida que viajaba a Africa, Asia y el Reino Unido, la gente seguía inscribiéndose en el Memo, y lo administré todo usando mi servicio de correo electrónico de Outlook. Tuve una idea del poder de las conexiones en línea para recaudar dinero cuando expresé la necesidad de fondos de ministerio para viajar a Afganistán, como describí anteriormente. La gente daba casi $5,000 para el viaje, pero antes y después de eso, tuve poco éxito, y estaba desesperado por los ingresos. La gente bien intencionada me decía: "Tienes 2.000 suscriptores. Sólo tienes que conseguir que te paguen $1 cada mes y tendrás una buena corriente de ingresos". El problema fue que no pude conseguir algunas de las personas para dar $1 por mes, y mucho menos todos ellos.

Repartí tarjetas donde y cuando hablaba, y la gente me dio su nombre y dirección de correo electrónico con permiso para inscribirlas para recibir el Memorándum. Luego entré en mi cuenta de Outlook y puse su información en una lista de distribución con un nombre, como Kenia 1, Kenia 2, Zimbabwe 1, Zimbabwe 2, etc. Después de tener unos 50 nombres en una lista, empecé uno nuevo. Luego, cuando escribía un Memo, lo copiaban y pegaban para poder enviar ese Memo a cada lista de distribución.

Después de unos años, tenía alrededor de 18.000 nombres en Outlook (entré cada uno de ellos yo mismo) y estaba copiando y pegando el memorándum del lunes muchas veces cada semana. Cuando alguien escribió para "cancelar la suscripción", tuve que revisar todas mis listas para encontrar su dirección de correo electrónico. Debido a que soy terco, comencé un estudio bíblico semanal en línea que siguió el mismo patrón, y finalmente tuve 6,000 nombres recibiendo ese estudio, y pasé por el mismo procedimiento de cortar y pegar para eso.

Dios fue misericordioso y finalmente me sacó de mi miseria semanal de Outlook. Tenía tantos nombres en mi cuenta que se estrelló. Claramente, tuve que cambiar mi modo de entrega. Después de unos meses de no enviar un Memo, un lector escribió para sugerir que convirtiera el Memo en un blog, que era bastante nuevo en ese momento. Podría importar todos mis nombres de Outlook en un servicio de blog, escribir un memorándum o un estudio bíblico, y todos los suscriptores lo recibirían automáticamente. Entonces el lector sería responsable de cancelar la suscripción o cambiar las direcciones de correo electrónico. Eso me hizo la vida más fácil.

En 2006, comencé un blog personal en www.johnstanko.

us y comencé a escribir regularmente sobre el liderazgo de servicio, el propósito y cualquier otra cosa que estuviera en mi mente. Eso significaba que entonces estaba escribiendo para tres sitios de blogs personales. En 2009, acepté un puesto en mi iglesia como pastor de discipulado y rápidamente me di cuenta de que la mayoría del personal no tenía idea de quién era yo. Decidí enviarles un devocional diario por correo electrónico que adapté de mi libro, A Daily Dose of Proverbs (Dosis Diaria de Proverbios). Estos escritos eran mucho más cortos que las que se encuentran en el libro, pero fueron bien recibidas por el personal. Let me list the new programs and online services I offered after 2010:

> Después del primer año de enviar una dosis diaria de Proverbios, decidí publicar lo que estaba enviando al personal en mi blog personal para que el público los viera, y de nuevo la gente los disfrutó y los extrañaba si me tomaba un descanso. En algún momento, comencé a colocar el enlace para este devocional diario en mi página de Facebook, mientras que también incluí un breve resumen en Twitter. Mis amigos y seguidores comenzaron a aumentar y los publiqué y le di el nombre de A Daily Taste of Proverbs (Un Gusto Diario de Proverbios).

A finales de 2011, estaba cansado de hacer el ciclo de proverbios diarios, así que decidí producir un devocional diario en línea diferente. Yo había estado "recogiendo" las preguntas que Jesús hizo en los evangelios, así que comencé a escribir un devocional diario usando una de esas preguntas como tema de enfoque. Cuando me quedé sin preguntas del Evangelio, entré en otras partes de las Escrituras y tuve suficiente durante 366 días.

A partir de ellos, escribí un devocional diario llamado Perlas de Propósito, que se centraba en mis cinco Principios de Mina de Oro: propósito, metas, administración del tiempo, organización y fe. En 2014, produje un devocional en línea dirigido al liderazgo titulado The Leadership Walk (El Caminar del Liderazgo) y en 2015, era Your Life Matters (Su Vida Importa), un devocional diario con versículos del libro de Salmos. Cada uno de estos devocionales diarios todavía está en línea de manera gratuita, pero también están disponibles en formatos de libros en papel y electrónicos. Observe que mi escritura en línea se convirtió en la base de mis libros y no al revés.

En 2012, continué mi hábito de publicar mis devocionales cada día en Twitter y Facebook, y mis 1.200 suscriptores a mi blog recibieron el devocional por correo electrónico al día siguiente de su publicación. En algún momento, agregué LinkedIn como fuente de publicación y también publiqué mi devocional diario y el memorándum del lunes sobre ese medio predominantemente empresarial.

En 2014, fundé una editorial llamada Urban Press (Prensa Urbana) y lo hice por dos razones. Uno era ayudar a los demás a conocer el gozo de ver cómo su creatividad cobraba vida en forma de libro. El otro era publicar o volver a publicar mis propias obras, teniendo así más control y cosechando más de los escasos beneficios que se generan. Debido a que tenía acceso a la experiencia editorial a través de mi empresa, decidí publicar todos mis devocionales, asegurándome de que estuvieran disponibles en formatos de papel y libros electrónicos.

De 2003 a 2009, completé mi comentario en línea sobre los 8.000 versículos del Nuevo Testamento, publicando cada estudio en mi sitio web (donde permanecen) después de enviarlo a mi lista semanal de correo. Hoy, he publicado esos estudios en un conjunto de 12 volúmenes llamado Live the Word Commentaries (Comentarios Vive la Palabra). Elegí ese nombre porque quiero que aquellos que lean mis comentarios no sólo estudien la Palabra sino, lo que es más importante, también lo apliquen a su vida diaria.

En 2017, revisé mi primer libro, Life is a Gold Mine

(La Vida es una Mina de Oro), por tercera vez, publicándolo como una edición del vigésimosegundo aniversario. Hice una revisión importante en esa edición, porque cambié los cinco Principios de la Mina de Oro para incluir la creatividad para acompañar el propósito, los objetivos, la gestión del tiempo (en la que fusioné el antiguo Principio de organización) y la fe. Junto con esa edición de aniversario, revisé mi devocional diario *Cadena de Perlas* para incluir más temas sobre creatividad y la reedité bajo el título *Life is a Gold Mine Daily Devotional* (La Vida es una Mina de Oro, Devocioanl Diario).

Al revisar este libro, publiqué un devocional de uno de mis cinco libros devocionales publicados en Facebook, LinkedIn y Twitter de lunes a viernes. Aprovecho esa oportunidad para editar y actualizar la publicación de ese día porque los archivos son muy fáciles de editar con el formato de impresión bajo demanda utilizado hoy en día en la publicación.

Espero que tengas la idea de que estoy muy inmerso en redes sociales y tecnología. Es una parte importante de mi ministerio y un salvavidas para miles de personas en todo el mundo.

¿Por qué te digo todo esto? Lo hago porque estoy desesperado por que la Iglesia escuche lo que estoy diciendo. Soy una voz que clama en el desierto: "Arrepentíos, porque el reino de las redes sociales está cerca". Ahora estoy recaudando dinero regularmente a través de las redes sociales, porque finalmente me di cuenta de por qué la gente daba a mi viaje a Afganistán, pero no mucho más. La gente quiere dar a alguien que conozca y en quien esté haciendo algo con vida y propósito. He construido un seguimiento, me atrevo a decir relaciones, a lo largo de los años y la gente da porque me conoce. He venido a ellos casi todos los días, compartiendo mi vida, viajes e ideas espirituales y ahora cuando pido, confían en mí. Puede que no den. Puede que nunca lean lo que envié, pero confían en mí. Pueden estar en desacuerdo con lo que escribo o digo, pero confían en mí.

Esto demuestra que las relaciones pueden establecerse y mantenerse a través de las redes sociales. ¿Es lo mismo que cara a cara? Absolutamente no. ¿Puede reemplazar las relaciones existentes? Absolutamente no. ¿Puede reemplazar los servicios de la iglesia? Absolutamente no. Sin embargo, la tecnología puede tomar el lugar de esas cosas en caso de emergencia, como hemos aprendido durante la pandemia, y esas conexiones, si se nutren y cuidan adecuadamente, pueden hacer mucho más de lo que muchos pensaban posible.

Durante años, había proporcionado ventanas sobre lo que estaba haciendo en África escribiendo blogs y publicando fotos y videos de mis viajes a África y Oriente Medio. Algunas personas tomaron la iniciativa de enviarme apoyo financiero, pero la mayoría de la gente se contenta con leer, ver y disfrutar, pero no dar. Finalmente, me volví más proactivo y pedí ayuda, y le di a la gente la oportunidad de dar a través de PayPal, Facebook, el correo, y ahora a través de mi aplicación móvil. Me complace informar que mis esfuerzos están dando sus frutos y más dinero fue donado en 2019 y 2020 que nunca antes. También promocioné mis viajes a Israel y Kenia en 2018 a través de las redes sociales y tuve una participación como nunca para ambos viajes.

Eso resume mi aspecto escrito de las redes sociales, pero hay más. Pasemos a ver lo que he hecho en los aspectos de vídeo digital y audio de las redes sociales. Ten en cuenta que mi razón para compartir esto es estimular, desafiar y equipar a los creyentes para cambiar la forma en que hacemos la iglesia a través del uso de la tecnología y las redes sociales. Sigamos adelante después de nuestras preguntas.

CAPÍTULO 13
PREGUNTAS PARA DISCUSIÓN O ESTUDIO

1. ¿Qué redes sociales prefieres? ¿Cuáles son las que prefieren

en tu iglesia?

2. ¿Cómo usas tus redes sociales? ¿Sólo lees? ¿Escribir de vez en cuando? ¿Sobre qué escribes?

3. ¿Cómo podrías utilizar más eficazmente las redes sociales en tu ministerio personal? ¿Cómo podría tu iglesia usarlo más eficazmente en su ministerio público?

4. Haz una lista de todas las razones por las que crees que tú o tu iglesia o ministerio no utilizan la tecnología más de lo que usas actualmente.

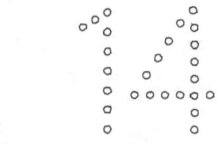

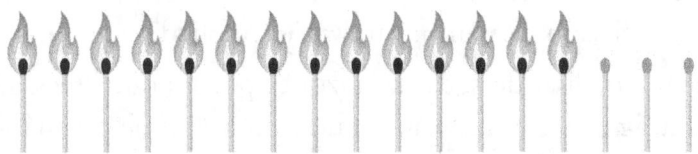

MEDIOS CRISTIANOS

A lo largo de los años, tuve más que algunas oportunidades de ser invitado a programas de radio y televisión. Por lo general eran estaciones cristianas e implicaban hablar de propósitos de vida o promover un proyecto de ministerio, a veces para mí o para otras organizaciones. Tengo más que unas pocas historias humorísticas pero también tristes sobre los medios de comunicación cristianos y mi participación.

Una vez, cuando era pastor, acepté una invitación para viajar a una estación de televisión a dos horas de mi casa para hablar sobre un ministerio en Sudamérica al que servía. Después de llegar, me maquillaron y esperé casi dos horas para ser atendido, ya que fui el último en ser entrevistado. Como el conductor me mencionó antes de ir a un descanso en la estación, me di cuenta de que pronunciaba mal el nombre del ministerio que estaba allí para discutir, que incluía el nombre español de alguien. Pensé con seguridad que querría saber para que pudiera pronunciarlo correctamente, y por lo tanto compartí con él la pronunciación correcta durante el descanso. Me equivoqué.

Cuando volvimos al aire, rápidamente me di cuenta de

que estaba ofendido por haberlo corregido, a pesar de que lo había hecho, lo había hecho en privado y fuera del aire. Su introducción de mí fue así, "Bueno, aquí está John Stanko que acaba de informarme que he dicho el nombre del ministerio que representa de una manera, pero es de otra" y luego se negó a mencionar el nombre del ministerio... Me sorprendió y no hace falta decir que la entrevista no salió bien. Conduciendo a casa y me di cuenta de que había invertido seis horas de mi día, había gastado combustible y ni siquiera recibí un agradecimiento, sólo indignación por haberme atrevido a corregir al conductor (que era el fundador de la estación).

Luego, en otra ocasión, me invitaron a una estación cristiana local para discutir un proyecto sobre un pozo de agua en Kenia. Estuve en el programa junto con el fundador del proyecto en Kenia y una vez más, fuimos los últimos invitados del programa. Cuando llegó nuestro momento de ser entrevistados, el conductor del programa pasó toda nuestra sesión hablando de su experiencia en Haití perforando pozos. ¡Nunca llegamos a hablar del proyecto keniano!

Para ser justos, he tenido algunas experiencias poderosas y conmovedoras, así. Una vez me estaba preparando para estar en un programa de radio para hablar de un programa universitario del que era director. Tenía 15 minutos para hablar del programa, pero a medida que salimos al aire, el conductor cambió de dirección y dijo: "Estoy mirando su sitio web de propósito y quiero hacerle una pregunta: ¿Cómo definiría el éxito?"

Me sorprendió, pero rápidamente me recuperé para decir: "Lo definiría como la capacidad de hacer lo que amas y que te haga feliz tan a menudo como sea posible". Tan pronto como lo dije, las luces en centro telefónico de llamadas se encendieron y yo estuve en el programa durante una hora, nunca hablando del programa de la universidad, pero respondiendo a las preguntas de la gente y escuchando sus comentarios sobre lo que había dicho. Recibí llamadas en mi oficina durante dos semanas después de ese programa, escuchando los comentarios de la gente. Por supuesto, me prometió que me volvería a invitar pronto, pero la invitación de seguimiento nunca llegó.

Luego, en otra ocasión, estuve en Kenia y tenía un espacio de tiempo de treinta minutos para hablar sobre el propósito y mi ministerio. Mi anfitriona comenzó a hacer preguntas y una vez más, el centro telefónico se iluminó y terminé estando en el programa durante dos horas. Es más, me invitaron durante cinco días seguidos. Agregué 1.200 nombres a mis listas de *El Memo del lunes* durante esos cinco días, y he seguido a esta locutora, ya que se ha mudado de una estación a otra y me invita para hablar de propósito. Todas esas experiencias y muchas otras me mostraron el poder de las ondas radiales, pero también la necesidad de que los anfitriones estén preparados, tanto espiritual como mentalmente. Seguí esperando más invitaciones para estar en más programas, pero rara vez llegaban.

Podría haber varias razones para esto. Una es que mi participación en sus programas no era tan buena, y sólo estaban siendo educados, no queriendo herir mis sentimientos. Los comentarios de aquellos que vieron y escucharon los programas, sin embargo, fueron los mismos de los de los anfitriones. La gente pensaba que el programa había sido bueno, incluso genial.

Otra posibilidad era que yo era demasiado bueno, amenazando al conductor que quería a alguien que hablara menos para que él pudiera hablar más. O tal vez los anfitriones eran buenos hablando de sus propios temas, pero sin interés, por los temas que presenté. Cualquiera que sea la razón, y podría ser una combinación de todas las opciones y algunas que ni siquiera he considerado, rara vez me invitaron de nuevo.

BLOG DE RADIO

Luego, en 2009, escuché sobre un concepto llamado

Blog de Radio donde podía inscribirme en línea con un servicio que me ayudaría a configurar mi propio programa de radio sin un estudio. Podría subir la introducción y el cierre del programa, llamar a un número gratuito, hacer que mis invitados llamaran a un número específico, los entrevistaba, controlaba el programa desde la web, y hacía que la gente llamara para hacer preguntas o hacer comentarios. Todos los programas serían archivados para que la gente pudiera escuchar en cualquier momento. La gente también podía dejar comentarios en el sitio para cada programa o suscribirse para recibir avisos cuando los programas se hubieran emitido. Decidí dejar de esperar invitaciones que nunca llegaron y comencé mi propio programa para mi iglesia llamada Ministry Beat.

Ese programa se hizo muy popular (el servidor rastreó el número de oyentes y cuánto tiempo escucharon) y la gente comenzó a acercarse a mí para estar en el programa. Si prometía tener gente de vuelta en el programa, me aseguraba de hacerlo, y la audiencia creció durante los cuatro años que serví como conductor. Al mismo tiempo, me acerqué a una estación local cristiana en AM y me vendieron un espacio de una hora el sábado por la mañana, para un programa que llamé Wake Up to Purpose (Despierta al Propósito). Pagué $100 a la semana para hablar con los oyentes sobre el propósito, por lo general tenía un invitado conmigo para hablar sobre su búsqueda de propósito. Descubrí por ambos programas que era un entrevistador eficaz, habiendo aprendido lo que no se debe hacer, de algunas de mis malas experiencias como invitado en los programas de otros.

Dejé de producir el Blog de Radio en 2015, pero a principios de la pandemia de 2020, decidí empezar un programa una vez más. Hasta la fecha, he tenido miles de oyentes en 35 países y he producido 70 programas en los que entrevisté a personas de propósito y creatividad de las cuales los oyentes podían aprender mucho a aplicar en su propio viaje de propósito. Por supuesto, he promovido los programas a través de todas mis otras redes sociales. Estos programas no son realmente radio, pero son una red de podcasts, y la red proporciona una biblioteca de programas producidos sobre una serie de temas, no todos cristianos, por cierto.

Si esto es lo que yo podría hacer, ¿qué podría hacer una iglesia que se comprometió a compartir quiénes son y lo que saben con el mundo? Sí, a menudo no hay "retorno" en hacer esto, excepto por la influencia que sería en otras personas. Esto es consistente con lo que discutimos en la Sección Uno, que es el concepto y la práctica del liderazgo de los siervos.

VIDEO

A medida que me involucré más con la radiodifusión, no quería descuidar la televisión o el video porque una vez leí que las generaciones más jóvenes no se toman a nadie en serio a menos que los vean en una pantalla. No estoy seguro de que eso sea cierto, pero sé que el vídeo es un medio poderoso porque le permite al espectador ver el lenguaje corporal y las expresiones faciales junto con el mensaje, que son importantes en el proceso de comunicación. Con la ayuda del camarógrafo de mi iglesia, comencé a grabar un programa mensual de 60 minutos llamado Your PurposeQuest (Tu Búsqueda de Propósito) para nuestra estación de televisión por un canal comunitario.

Como hice en el blog de radio, trabajé con personas que conocía que tenían una historia inspiradora de cómo encontraron o cumplieron su propósito, al mismo tiempo que promocionaba mis libros, viajes o trabajos de ayuda en África. Una vez que el programa se emitió, lo publicamos en mi canal personal de Vimeo. Después de un tiempo, dejamos de hacer el programa en el canal comunitario, pero seguimos grabando programas más cortos, y aun así los publicamos en Vimeo. También publicaría esos videos o un enlace a su ubicación de Vimeo en todas mis redes sociales: Twitter, Facebook (para entonces tenía cuatro páginas separadas) y LinkedIn. Durante la pandemia, lancé una aplicación móvil gratuita que la gente podía descargar para recibir avisos cada vez que desarrollba nuevos recursos del ministerio. Uno de los aspectos más destacados de la aplicación es la colección de videos que he producido sobre liderazgo, creatividad y los cinco Principios de la Mina de Oro. Son de alta calidad y están impactando y equipando a personas de todo el mundo. También tomé algunos de los sermones que prediqué que estaban en video y los puse a disposición a través de mi aplicación. Hasta ahora, estoy bastante satisfecho con los números de descargas de la aplicación y acceden a mis recursos. Por cierto, pago de mi propio bolsillo por la producción de video, la administración de la aplicación y otros medios a través de los cuales comparto el mensaje de propósito que Dios me ha dado.

PUBLICIDAD

Volvamos a los medios escritos por un momento. En 2014, renuncié al cargo que ocupaba en mi iglesia (a la que todavía asisto) para poder viajar más a menudo a África y crear mi propia editorial. Quería que otros supieran la alegría que tengo de llevar un proyecto terminado a sus manos, por lo que Urban Press surgió para ayudar a la gente a terminar y publicar sus obras.

Esto puede sonar extraño, pero he descubierto que mi papel como editor ha asumido el papel de pastor en más de una ocasión. En cierto sentido, pastoreo a las personas a través del proceso de escritura y publicación, que no sólo incluye la preparación del manuscrito, sino también estos otros aspectos que requieren aliento, consejería y oración:

A menudo las personas están contando historias personales y dolorosas, y como las cuentan, pueden revivir el trauma. Es bueno tener un pastor que los acompañe.

Otros están aterrorizados por el proceso creativo,

aunque puedan citar con confianza: "Dios no nos ha dado un espíritu de temor" (véase 2 Timoteo 1:7). Mi trabajo es guiarlos a través del proceso del temor a la victoria.

He encontrado que la mayoría de las personas subestiman el poder espiritual y la vitalidad en sus historias, poemas e ideas, por lo que se convierte en mi tarea alentarlas a tener fe en lo que han producido y su capacidad de tocar a los demás.

La gente a veces viene y dice: "Dios quiere que produzca esto". Cuando les pregunto cuánto tiempo han tenido "esto", me han dicho: "Décadas". Entonces me corresponde a mí ayudarles a cumplir la voluntad de Dios para sus vidas.

La mayoría de las personas no tienen idea de qué esperar cuando comienzan el proceso de publicación. Algunos creen que podrán pagar su hipoteca o comprar una casa de vacaciones (¡que así sea, Señor, para todos nosotros!) y otros piensan que la gente saldrá corriendo de sus casas para comprar su libro, hasta que se dan cuenta de que no hay librerías a las que la gente pueda correr. Debo ajustar y educar sus expectativas para que no se decepcionen, y luego puedan publicar otras cosas, y uno de ellos puede ser el gran proyecto que rinda frutos financieros.

En mi propia vida, tuve que lidiar con el miedo masivo para escribir y publicar como lo hago hoy. Mis primeros libros no eran más que largos informes de libros sobre lo que otros habían escrito. No estaba seguro de tener nada que decir, así que reiteré lo que otros ya habían dicho. Entonces mi objetivo era escribir un libro cada año, sólo para experimentar con el pensamiento, "¿Y si mi meta es escribir dos? ¿Tres? ¿Cinco? más? En 2019, escribí seis libros y este año me he puesto en marcha para escribir y publicar cinco.

Mi punto es que he estudiado y aprendido sobre el proceso creativo. Como pastor, estoy en posición de ayudar a los demás porque yo mismo he estado allí. Durante la pandemia, ayudé en una clase en línea sobre creatividad en donde utilizaron mi libro *Unlocking the Power of Your Creativity (Desbloqueando el Poder de Tu Creatividad)* como guía de discusión para seis sesiones. El impacto en las vidas de los 22 estudiantes fue dramático con todos compartiendo cómo la clase los liberó para ser menos conscientes de sí mismos a medida que crean. En el próximo capítulo, volveré a esbozar la importancia de que las iglesias y los creyentes participen plenamente en las redes sociales.

CAPÍTULO 14
PREGUNTAS PARA DISCUSIÓN O ESTUDIO

1. Durante la pandemia, ¿cuál ha sido tu experiencia con las redes sociales?

2. ¿Crees que tu actitud y uso de la tecnología cambiará una vez que disminuya la pandemia?

3. ¿Qué miedos tienes en lo que se refiere a la tecnología?

4. ¿Tienes algún proyecto creativo persistente en tu mente o corazón en el que no hayas actuado? ¿Por qué no? ¿Cuál es tu plan para seguir adelante?

5. ¿Tienes una historia que contar? ¿Has disminuido su importancia en tu mente para no tener que compartirla?

6. ¿Cuándo fue la última vez que diste un testimonio?

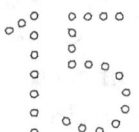

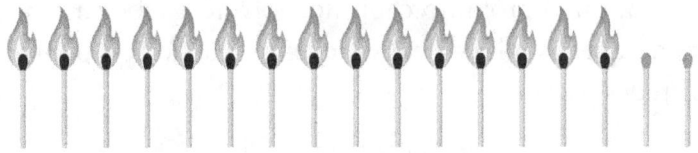

TECNOLOGÍA Y LOS AMISH

Tal vez se pregunten qué me impulsó — impulsó es la palabra correcta— para hacer tanto en lo que se conoce como redes sociales, pero en los primeros días simplemente se incluyó en la categoría más amplia de la tecnología. La respuesta más simple es que fui influenciado por un autor y gurú del marketing llamado Seth Godin. Tuve que trabajar a través de la terminología de Seth, que estaba cargada de palabras como cliente, marketing y ventas y luego adaptar sus principios a mi mundo basado en la fe. Intentaré parafrasear los puntos de Seth como los entendí y los usaré en mi propio trabajo y escritura. La segunda respuesta fue que desarrollé lo que llamo una teología de las redes sociales. Permítanme primero compartir lo que aprendí de Seth, y luego compartiré lo que aprendí de la Biblia en el siguiente capítulo.

MARKETING CON PERMISO

El concepto principal que aprendí de Seth fue lo que él refería como *marketing con permiso*. No creo que acuñó el término, pero habló sobre el concepto en un libro que escribió titulado *Permission Marketing: Turning Strangers into Friends and Friends into Customers (Marketing con Permiso: Convirtiendo a Extraños en Amigos y Amigos en Clientes)*. Seth me enseñó que lo opuesto al marketing con permisos es la interrupción del marketing. Hemos experimentado marketing de interrupción cuando intentamos ver un vídeo de YouTube y nos vemos obligados a ver un anuncio antes de poder ver lo que queremos ver.

A veces, el anuncio es durante el clip de vídeo en lugar de antes. Eso es marketing de interrupción. Está capturando al lector, espectador u oyente contra su voluntad, haciéndolos cautivos de un mensaje. No sé tú, pero yo silencio todos los anuncios porque lo considero una violación de mi espacio personal, no lo pedí, y no lo quiero.

Lo opuesto al marketing de interrupción es el marketing con permiso. Cuando estaba desarrollando mi sitio web en 2001, ya había visitado un montón de sitios una vez sólo para nunca volver a visitarlos, a menos que fuera para comprar algo u obtener información que necesitaba, como el pronóstico del tiempo. No quería invertir tiempo y dinero en mi propio sitio que la gente vería una vez y nunca volvería. Me pregunté qué podía hacer para llamar la atención sobre mi sitio de una manera que no tuviera que engañar a la gente para que lo viera. Basándome en lo que había aprendido de Seth, decidí escribir un *Memo Semanal cada Lunes*. El contenido allí sería relevante y oportuno y resaltaría cosas en mi sitio que podrían ayudar a las personas que estaban interesadas en lo que tenía que decir.

Cuando salí a hablar, pregunté a los presentes: "¿A quién le gustaría recibir una breve carta semanal que le ayudará a ser más intencional y productivo?". Tenía pequeñas tarjetas verdes y empecé a pedirle a las personas su nombre y dirección de correo electrónico. A cambio, prometí enviarles un *Memo* semanal hasta que me dijeran que ya no lo querían. Esa era mi versión de marketing con permiso para mi ministerio y el mensaje de propósito.

El poder detrás de este marketing era que la gente me había dado permiso para contactarlos. Puede que no lean o utilicen lo que envié, pero no se sintieron violados o presionados para tomar ninguna acción en particular. Me hicieron a mí o a mi organización parte de sus vidas porque lo querían, y cuando ya no lo querían, podían retirarse fácilmente, fácil de entrar, fácil de salir. Tenían la libertad de recibir o no recibir, de responder o no responder.

Esa libertad entonces permite al vendedor o comunicador construir una relación con el dador de permisos, y ahí es donde el roce generalmente viene para la gente de la iglesia. No ven — y a veces se niegan a ver— que las relaciones se pueden construir usando comunicación consistente no cara a cara, sino través de tecnología que tiene valor para aquellos que reciben. Más sobre eso más adelante.

Una vez que me convertí en un admirador de Godin, me inscribí para recibir sus actualizaciones diarias del blog (le di permiso para enviarlas aunque no leo cada una de ellas) y he leído muchos de sus libros: *Tribus: Necesitamos que nos guíes; El Dip: Un pequeño libro que te enseña cuándo salir (y cuándo pegarte); Linchpin: ¿Eres indispensable?; Golpear la caja; Todos somos raros; Esto es marketing: no se puede ver hasta que se aprende a ver, y esos no son todos.*

El hecho de que haya sacado tanto de lo que algunos asistentes a la iglesia calificarían una fuente secular exige que tenga más que eso para hacer mi caso para usar las redes sociales de manera efectiva. Necesito evidencia bíblica (y tal vez tú también) de que el marketing con permiso y las redes sociales son bíblicos o al menos no son antibíblicos. Para ello, presentaré en los próximos capítulos lo que llamo una *teología de las redes sociales*. Puedes leer más sobre el marketing con permiso y mi propia perspectiva que es bastante coherente con los principios bíblicos en el Apéndice.

ESPIRITUALMENTE AMISH

El primer artículo de la revista que escribí fue sobre la comunicación temática y fue publicado en 1979. El nombre de la revista era New Wine (Vino Nuevo), que contenía enseñanzas mensuales sobre temas bíblicos. Su público objetivo estaba compuesto por aquellos que tenían una experiencia carismática pero todavía estaban en una denominación tradicional que estaba o no abierta a su encuentro con el Espíritu, por lo tanto, el nombre de la revista Vino Nuevo que no podía entrar en vinos viejos.

El estudio que hice para ese artículo me ha mantenido interesado en la comunicación como tema desde entonces, y ese estudio se mejoró y complementó en gran medida cuando serví como instructor de nivel de posgrado en un programa de liderazgo organizacional para el cual la comunicación era una de las clases principales (enseñé esa clase tres o cuatro veces).

Una de las declaraciones que hice en el artículo fue: "En esta era de bombardeos mediáticos altamente tecnológicos y de intensa competencia por la atención de las personas, los cristianos se enfrentan a una tarea formidable, pero crucial, de escuchar lo que Dios dice y comunicarlo efectivamente entre sí y al mundo". No teníamos idea en 1979 de lo que era el "bombardeo mediático" cuando comparamos la comunicación entonces con lo que es hoy. No teníamos Internet en 1979, ni redes sociales, ni teléfonos celulares, ni televisión por cable, ni correo electrónico. Sólo había unos pocos canales disponibles en nuestra televisión. Debido al bombardeo de hoy, algunas iglesias han optado por no participar en la embestida, eligiendo en su lugar atrincherarse detrás de una barrera tecnológica e ignorar el ruido de los atacados.

Me gusta el ejemplo de mi querida abuela que vino a los Estados Unidos cuando era joven para casarse con mi abuelo a principios de 1900. Aprendió a leer inglés, dio a luz a 13 niños y se despertó cada mañana para encender la estufa de carbón para poder cocinar para sus crías. Más tarde en la vida, dos de sus hijos solteros sirvieron 20 años en el ejército y regresaron a casa después de que se retiraron a vivir en la casa en la que fueron criados, haciendo renovaciones que incluían la instalación de un teléfono fijo. Antes de ese teléfono, si necesitábamos ponernos en contacto con mi abuela, llamábamos a su vecina de al lado que iba a buscar a mi abuela, que luego caminaba de su casa, pisando el arroyo que venía del inodoro de la casa, y caminaba unos 50 metros hasta la casa del vecino.

La imagen que tengo de los creyentes que han salido de la cultura de las redes sociales es de mi abuela que hizo frente a lo que alguien más tenía para mantenerse en contacto. Era linda y anticuada, pero fuera de contacto. De hecho, si buscamos un ejemplo de personas que están fuera de contacto con las normas de comunicación cultural, sólo tenemos que buscar unas horas desde donde vivo para encontrar a los Amish, que han rechazado toda la tecnología, incluidos los vehículos, la electricidad y otros avances modernos.

Los Amish son fenómenos culturales y la gente viaja de todas partes para verlos, comprar alimentos en sus puestos de granja, y aprender y maravillarse con sus formas fuera de contacto. Sin embargo, nadie quiere convertirse en Amish. Ningún niño vuelve a casa para decir: "Mamá y papá, he decidido convertirme a Amish, y usar un sombrero de paja, crecer una barba y ser agricultor (o usar una cabeza doily y vestirme modestamente)".

Mi punto es que los amish están tan fuera de contacto con la realidad de la cultura moderna que su testimonio cristiano es un asunto privado sin poder para impactar al mundo que los rodea. Así serán algunas iglesias y cristianos si continúan evitando las redes sociales y la cultura moderna. Afortunadamente, la pandemia ha despertado a la iglesia y a los creyentes al poder de las redes sociales, pero el tiempo dirá si es un despertar permanente o si volvemos a nuestros caminos anticuados cuando se de luz verde.

Permítanme decir antes de proceder que no estoy insinuando que las redes sociales reemplazarán a la Iglesia. El contacto cara a cara es siempre la norma para el culto y la asamblea cristiana. Estoy diciendo, sin embargo, que hay mucho más que la iglesia puede hacer para incorporar la tecnología en su trabajo de ministerio, no como una idea posterior, sino como una parte importante. Y en una época de crisis como la que estamos viviendo actualmente, las redes sociales son lo mejor para estar presentes entre nosotros.

TECNOLOGÍA

Dado que uso continuamente la palabra tecnología, sería bueno definir el término antes de seguir. No quiero ser demasiado técnico (perdón el juego de palabras) así que vamos con una definición que encontré en Internet (un gran ejemplo del uso de la tecnología):

> Ciencia o conocimientos puestos en práctica para resolver problemas o inventar herramientas útiles (que se encuentran en yourdictionary.com).

Otra definición es:

> La tecnología es un conjunto de conocimientos dedicados a la creación de herramientas, acciones de procesamiento y la extracción de materiales. El término "tecnología" es amplio, y cada uno tiene su manera de entender su significado. Utilizamos la tecnología para realizar diversas tareas en nuestra vida diaria, en resumen; podemos describir la tecnología como productos y procesos utilizados para simplificar nuestra vida diaria. Utilizamos la tecnología para ampliar nuestras habilidades, haciendo de las personas la parte más crucial de cualquier sistema tecnológico (de www.whatistechnology.com).

He descubierto que tendemos a etiquetar algo

tecnológico si es nuevo en nuestra vida, mientras damos por sentada la tecnología más antigua. Por ejemplo, probablemente no consideraríamos un refrigerador como tecnología, a menos que tenga algunas de las características más recientes ahora disponibles, como una máquina de hielo o un control automático de temperatura que impide abrir el congelador si la temperatura en el congelador está por encima de un cierto nivel. Sin embargo, en un tiempo, ese refrigerador representaría un avance tecnológico sobre una nevera.

Por lo tanto, alguien nacido antes de las redes sociales lo ve como tecnología, pero alguien que nació después de las redes sociales puede no verlo como tecnología, sólo como un medio de comunicación. Esto es importante porque debemos mirar hacia atrás en el ministerio de Pablo para ver que él utilizó la tecnología de su época para difundir Su evangelio. No clasificó lo que usaba como tecnología porque estaba acostumbrado a su existencia.

Por ejemplo, Pablo escribió cartas a las iglesias que fundó. Ese es un ejemplo de tecnología. Usaba pluma, tinta y rollos de papel o papiro. Luego envió esas cartas con los transportistas que viajaban por carreteras romanas o por las vías marítimas romanas, las cuales eran avances tecnológicos. Cuando Pablo escribió a una región, ordenó que sus cartas fueran leídas en todas las iglesias de la zona, así que, en cierto sentido, ordenó que sus mensajes se hicieran virales.

Hoy leemos las cartas de Pablo debido a la tecnología. Ciento catorce años después de que Pablo escribiera, un hombre llamado Gutenberg inventó la imprenta y de repente los libros podían ser copiados no a mano, sino por una máquina que alguien operaba. Eventualmente, las personas podían poseer sus propias Biblias, mientras que antes sólo podían acceder a una copia que había sido transcrita a mano (de la misma manera que Pablo había escrito, con lápiz, tinta y papel).

A medida que los exploradores se propusieron descubrir

el mundo, las herramientas tecnológicas de los viajes mejoraron y finalmente conectaron a personas de todo el mundo. Esa conexión continuó a medida que surgieron nuevas formas de tecnología, cosas como el telégrafo, el teléfono, la radio, la televisión, los casetes, los iPods, los CD, los DVD, los teléfonos inteligentes y ahora Internet. Disculpe esta visión bastante superficial y simplista de 2.000 años de historia tecnológica, pero los puntos que estoy tratando de hacer son estos:

Los avances tecnológicos han sido la voluntad de Dios, porque han contribuido a Su deseo de que la gente ejerza dominio sobre la tierra.

La Iglesia siempre ha utilizado la tecnología de la época para sus propios propósitos de difundir el Evangelio y dar a conocer a Jesús a los seguidores.

Ahora, puede que no te guste cómo algunos predicadores de radio o televisión o evangelistas han utilizado la tecnología, pero no puedes negar que la tecnología se ha utilizado en muchas otras situaciones para siempre. Lo mismo es cierto para Internet; hay tremendo mal y desinformación en el ciberespacio, pero hay una gran cantidad de información valiosa que ha sido y puede ser utilizada para el bien también.

Este fenómeno ha llevado a esta generación a ser el grupo de personas mejor informado en la historia del mundo, y tal vez el menos socializado, al menos en el mundo occidental. La gente está pegada a sus teléfonos inteligentes y algunos jóvenes prefieren enviar mensajes de texto que hablar. Además, el uso superficial y frívolo de las redes sociales ha alienado a algunos y les ha impedido ver cómo se pueden usar las redes sociales más allá de informar a amigos y seguidores de que "estoy en el centro comercial" o "acabo de cortarme el pelo" o "¿dónde puedo comprar los neumáticos más baratos para mi coche?"

Creo que ya es suficiente de los aspectos filosóficos de una teología. ¿Existe una base bíblica o un mandato para utilizar la tecnología con fines ministeriales, tal vez incluso para reuniones de la iglesia? Echemos un vistazo en el siguiente capítulo.

CAPÍTULO 15
PREGUNTAS PARA DISCUSIÓN O ESTUDIO

1. ¿Qué es lo que más te impresionó del material de este capítulo?
2. ¿Qué acciones provocarán los cambios que aprendiste en tu enfoque de la tecnología?
3. ¿Cómo evaluarías tu uso personal de las redes sociales en función del material de este capítulo?
4. ¿Cómo evaluarían el uso de las redes sociales de tu iglesia basándose en el material de este capítulo?
5. ¿Estoy exagerando el problema o sus consecuencias con la analogía espiritual amish? ¿Por qué si o por qué no?

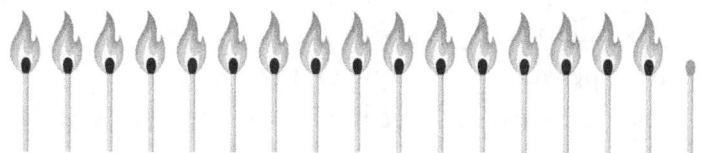

UNA TEOLOGÍA DE LA ESCRITURA, LA RADIODIFUSIÓN Y LAS REDES SOCIALES

Echemos un vistazo a la definición de tecnología que incluí en el capítulo anterior:

> La tecnología es un conjunto de conocimientos dedicados a la creación de herramientas, acciones de procesamiento y la extracción de materiales. El término "tecnología" es amplio, y cada uno tiene su manera de entender su significado. Utilizamos la tecnología para realizar diversas tareas en nuestra vida diaria, en resumen; podemos describir la tecnología como productos y procesos utilizados para simplificar nuestra vida diaria. Utilizamos la tecnología para ampliar nuestras habilidades, haciendo de las personas

la parte más crucial de cualquier sistema tecnológico (de www.whatistechnology.com).

¿Hay alguna teología de la tecnología, si puedo etiquetarlo así, que se extienda incluso al uso de las redes sociales? Creo que sí, así que permítanme presentarles mi caso. Tú serás el juez si es válido.

Al empezar, confieso que esta visión general representa una especie de exceso. Si estás interesado en seguir estudiando o si todavía necesitas convencerte de que la tecnología y las redes sociales son de Dios, te animo a leer a través de este capítulo y considerar la validez del caso que presento. Si ya estás convencido, no dudes en pasar al siguiente capítulo. Empecemos.

1. "Ahora escribe esta canción y enséñala a los israelitas y haz que la canten, para que me sirva de testigo contra ellos" – Deuteronomio 31:19.

Dios hizo que Israel compusiera una canción para recordar, pero en este caso, el tema era conmemorar su infidelidad. Componemos y escribimos para ayudar a las personas a recordar la fidelidad de Dios, aun cuando le seamos infieles a El y a Sus caminos.

2. "Nombra a tres hombres de cada tribu. Los enviaré a hacer un estudio de la tierra y a escribir una descripción de la misma, de acuerdo con la herencia de cada uno. Entonces volverán a mí" – Josué 18:4.

Dios pidió a los exploradores que presentaran un informe de lo que vieron. No estoy seguro de por qué lo requirió por escrito, pero tal vez fue para que pudieran mantener viva la visión de lo que Dios les había prometido. Lo mismo nos es válido. Escribimos y transmitimos lo que vemos en la fe, que puede ser algo que aún no se puede ver, excepto a través de los ojos de la fe. Luego, una vez que sucede, podemos mirar hacia atrás y ver cómo Dios nos guió en el camino y fue fiel a Su palabra y promesas.

3. Cuando los hombres comenzaron su camino hacia la tierra, Josué les instruyó: "Ve y haz un estudio de la tierra y escribe una descripción de ella."
– Josué 18:8

Es interesante que la gente pueda escribir en esta etapa temprana de la historia. Esto habría representado una forma temprana de tecnología utilizando papiro y tinta para registrar palabras que podrían ser leídas y comprendidas por otros.

4. "Ve ahora, escríbelo en una tabla para ellos, inscríbelo en un pergamino, para que para los días venideros sea un testigo eterno." – Isaías 30:8

No estamos escribiendo nada que se compare con la palabra inspirada por Dios, sin embargo, debemos escribir o enviar lo que creemos que Dios nos está mostrando —acerca de Su palabra, Sus promesas, nuestras experiencias, nuestras interpretaciones creativas de la verdad capaces de comunicar esa verdad y la belleza de Dios a los demás— todo con el fin de proporcionar un testimonio para las generaciones futuras concernientes al amor y los actos de Dios. Piensen en aquellos que hicieron esto: John Wesley, San Augustin, Santo Tomás, Kempis, Juan Calvino, D. L. Moody, G. Campbell Morgan y Martin Luthero, por nombrar algunos. ¿No te alegras de que no se queden simplemente en la palabra hablada, sino que hicieron el esfuerzo e invirtieron el tiempo para grabar lo que escucharon y vieron para que lo tengamos hoy?

5. "Esto es lo que el Señor, Dios de Israel, dice: 'Escribe en un libro todas las palabras que te he hablado." – Jeremías 30:2

"Toma un pergamino y escribe en él todas las palabras que te he hablado concernientes a Israel, Judá y todas las demás naciones desde el momento en que comencé a hablarte en el reinado de Josías hasta ahora." – Jeremías 36:2

"Toma otro pergamino y escribe en él todas las palabras que estaban en el primer pergamino, que Joacim rey de Judá quemó." – Jeremías 36:28

Los profetas de antaño no sólo debían hablar la palabra del Señor, sino que también debían escribirla. El mismo hecho de que el Señor mandó a Su pueblo que escribiera, indica que esperaba que utilizaran tecnología de algún tipo, porque la escritura debía ser producida, publicada y difundida para que fuera significativa y tuviera un efecto.

6. "Después de investigar todo con esmero desde el principio, yo también decidí escribir un relato fiel para ti, muy honorable Teófilo" – Lucas 1:3.

Observe que Lucas no afirmó que el Señor le mandó escribir; fue una decisión natural basada en la solicitud de Teófilo de más información sobre la vida y los tiempos de Jesús. Entonces Lucas, el científico doctor, utilizó su excelente griego y sus habilidades de entrevista y recopilación de hechos para escribir dos libros sobre Jesús y Su legado en la Iglesia primitiva.

7. "¡Además, mis hermanos y hermanas, regocijaos en el Señor! No es ningún problema para mí escribirte las mismas cosas de nuevo, y es una salvaguarda para ti." – Filipenses 3:1

No esperes hasta que tengas un pensamiento o idea que nadie más en el universo haya tenido. No te preocupes de que estés escribiendo algo ya dicho o escrito por otra persona. No hay nada nuevo bajo el sol, pero tu perspectiva, vocabulario, fondo o perspicacia pueden marcar la diferencia en que alguien entienda algo que han visto antes, por alguna razón, escucharon algo de ti que permite a Dios abrir su corazón para recibirlo. También es bueno que se recuerde a las personas la verdad que alguna vez conocieron, pero tal vez han perdido en el atolladero de la vida cotidiana y el desorden mental.

8. "No os escribo porque no sabéis la verdad, sino porque la sabéis y porque ninguna mentira viene de la verdad" – 1 Juan 2:21.

Algunas personas piensan: "¿Por qué debería escribir un libro sobre esto o aquello? Ya hay tantos libros sobre ese tema". Y es por eso que escribes, para agregar tu perspectiva o tus dos centavos a lo que es un tema común de interés. Considera este ejemplo. Las personas que son consejeras generalmente están buscando nuevas perspectivas en su campo. Contribuir con algo a esa disciplina es importante, a pesar de que ya hay muchos libros sobre ese tema general. Lo mismo sería sobre la teología, los testimonios, los estudios bíblicos y las obras de ficción.

9. "Te proclamamos lo que hemos visto y oído, para que también tengas comunión con nosotros. Y nuestra comunión es con el Padre y con su Hijo Jesucristo. Escribimos esto para que nuestra alegría sea completa." – 1 Juan 1:3-4

Juan escribió para que pudieran tener comunión el uno con el otro y con Dios. Una de las quejas comunes sobre las redes sociales y la tecnología es que son impersonales y no construyen relaciones. Juan dio a entender, sin embargo, que su tecnología de enviar una carta efectivamente contribuyó a los valores y la práctica de la comunión y las relaciones. Juan también declaró que la escritura completaba su alegría, indicando que faltaba algo en su maquillaje espiritual si no escribía a personas con las que tenía una relación cercana cuando no estaba físicamente cerca de ellos.

10. ¿Qué diremos entonces, hermanos y hermanas? Cuando se reúnen, cada uno de ustedes tiene un himno, o una palabra de instrucción, una revelación, una lengua o una interpretación. Todo debe hacerse

para que la iglesia pueda ser edificada. – 1 Corintios 14:26

... hablarse unos a otros con salmos, himnos y canciones del Espíritu. Canta y haz música de tu corazón al Señor. – Efesios 5:19

Las redes sociales y la radiodifusión, hechas correctamente, te sacan de ti mismo y te mete en las vidas y mundos de otras personas. Cuando vayas allí, deberías traer algo de valor contigo. Esa es la razón por la que no uso mis redes sociales o tecnología para asuntos triviales. Sí, publico mis destinos cuando viajo, y también publico fotos de eventos deportivos a los que asisto. Lo hago por una razón, demostrar a mis seguidores que estoy haciendo lo que amo (viajes y deportes). Los estoy animando directa o indirectamente a hacer algo en sus propias vidas que los estimule y energice.

Tomo en serio cada encuentro que tengo con cada persona, e intento aplicar los mandamientos que se encuentran en Corintios y Efesios para traer una revelación o un mensaje que elevará, inspirará o entretendrá.

11. "Lo que os digo en la oscuridad, habla a la luz del día; lo que se susurra al oído, proclama desde los tejados." – Mateo 10:27

Si tengo algo que el Señor me ha mostrado, entonces estoy obligado a compartirlo con otras personas para quienes pueda resultar útil también. También se me informa en Apocalipsis 12:11 que "triunfaron sobre él por la sangre del Cordero y por la palabra de su testimonio; no amaban sus vidas hasta la muerte". ¿Cuándo fue la última vez que diste un testimonio en la iglesia acerca de algo que Dios hizo en tu vida? Probablemente no recientemente y las redes sociales son el medio perfecto para hacerlo!

12. Una vez que hayan leído esta carta, pásenla a la iglesia en Laodicea para que ellos también puedan

leerla. Y ustedes deberían leer la carta que les escribí a ellos. – Colosenses 4:16

Pablo quería que todos en el área de Colosas escucharan su carta y luego escucharan la que envió a Laodicea también. Esto nos dice que Pablo escribió más cartas que las que tenemos hoy. Es más, Pablo ordenó que sus cartas se hicieran "virales", queriendo que todos en ambas áreas leyeran y escucharan las cartas. Pablo usó la tecnología para mantenerse en contacto, educar y discipular a su rebaño, y esperaba que pusieran el tiempo y el esfuerzo de leer lo que escribió.

13. Queridos amigos, esta es ahora mi segunda carta. He escrito ambas como recordatorios para estimularles a un pensamiento sano. – 2 Pedro 3:1

El uso de la tecnología requiere que "nos superemos a nosotros mismos" y nuestro miedo a la crítica o lo que otros piensen de nosotros. Esto se debe a que se nos ha enseñado a no llamar la atención sobre nosotros mismos, por lo que cuando lo hacemos a través de alguna expresión creativa, podemos ser atormentados por la culpa o ser blanco de la crítica. Pedro escribió una carta que no contenía ningún material nuevo, pero escribió para asegurarse de que sus lectores se dedicaran a lo que él llamaba pensamiento sano. Escribió no para satisfacer sus necesidades, sino para satisfacer las necesidades de los demás. No le preocupaba que alguien viera su trabajo como redundante o simple. Escribió porque quería escribir. Deberíamos hacer lo mismo.

14. ¿Y qué más debo decir? No tengo tiempo para hablar de Gedeón, Barak, Sansón y Jefté, sobre David y Samuel y los profetas... . - Hebreos 11:32.

Me parece inusual que un hombre escribiendo una carta diga "No tengo tiempo" o "¿qué más voy a decir?" Existe la teoría de que la carta a los hebreos no era una carta en absoluto, sino más bien un sermón transcrito. Esto coincide con un versículo de Salmos 45:1 que dice: "Mi corazón se conmueve por un noble tema al recitar mis versículos para el rey; mi lengua es la pluma de un escritor hábil. El salmista estaba componiendo versos, leyéndolos al rey, y luego esas palabras fueron escritas. ¿Ves cómo la tecnología (el aspecto escrito) emanaba de la palabra hablada? Eso me dice que no tienes que escribir, pero cuando hablas, rimas, pintas, esculpes, bailas, cantas o expresas cualquier otra forma de creatividad, debes buscar tantas maneras como sea posible para compartir lo que has hecho, y ahí es donde la tecnología puede convertirse en tu amiga.

15. Que los redimidos del Señor cuenten su historia, aquellos a quienes redimió de la mano de su enemigo. – Salmos 107:2

Una generación cuenta vuestras obras a otra; hablan de tus poderosos actos. Hablan del glorioso esplendor de su majestad, y meditaré en sus maravillosas obras. Hablan del poder de vuestras obras impresionantes, y yo proclamaré vuestras grandes obras. Celebran vuestra abundante bondad y cantarán con alegría de vuestra justicia. – Salmo 145:4-7

Triunfaron sobre él por la sangre del Cordero y por la palabra de su testimonio; no amaban sus vidas hasta la muerte. – Apocalipsis 12:11

No se nos insta a compartir nuestro testimonio. No es una sugerencia o una buena idea, algo de lo que hablamos cuando tenemos tiempo. No, se nos manda compartir nuestras historias y testimonios de la fidelidad de Dios. Es mantener un registro para la próxima generación para que no se olviden y agregarán sus historias al registro familiar también. Además, nuestros testimonios tienen poder espiritual, ya que nos permiten y nos empoderan para vencer al adversario de nuestra alma.

¿Cuándo fue la última vez que compartiste un testimonio en un servicio de la iglesia en vivo? Probablemente no últimamente, pero si alguna vez. La tecnología proporciona el vehículo perfecto para compartir sus ideas e historias de la fidelidad de Dios contigo y los tuyos. Entonces tú tendrás la confianza para asumir proyectos más grandes y más complejos como libros, obras de teatro, negocios, pinturas, y las principales artes y artesanías (como muebles o proyectos de construcción).

16. Entonces Jesús vino a ellos y les dijo: "Toda autoridad en el cielo y en la tierra me ha sido dada. Por lo tanto, ve y haz discípulos de todas las naciones, bautizándolos en el nombre del Padre y del Hijo y del Espíritu Santo, y enseñándoles a obedecer todo lo que te he mandado. Y seguramente estoy con ustedes siempre, hasta el final de la era" – Mateo 28:18-20

Esas palabras de Jesús han llegado a ser conocidas como la Gran Comisión. Debemos ir a los confines de la tierra para predicar, enseñar y discipular, y promete ir con nosotros. La tecnología nos permite a todos cumplir con esa Comisión, tanto si podemos o no viajar. El problema es, sin embargo, que la mayoría de nosotros no nos sentimos preparados o equipados para ir más allá de la puerta de nuestra iglesia. Estamos paralizados por el temor de hacer lo incorrecto delante del Señor o por cualquier número de pensamientos restrictivos que no podemos empezar a pensar en cómo o qué usaríamos la tecnología para decir o hacer más allá de nuestra familia, amigos o miembros.

Ahí es donde la Iglesia debe venir a equipar y empoderar a todos sus miembros, no sólo a los líderes, para que utilicen la tecnología no como fin, sino como un medio para un fin, que es expresar su propósito y mostrar su creatividad. Además, las iglesias deben liderar el camino modelando expresiones creativas, consistentes y valiosas del amor y el trabajo de Dios a través de los canales de las redes sociales.

Allí tienes una teología básica o un estudio bíblico

sobre el uso de la tecnología. Tal vez estés pensando: "Que todo parecía estar más dirigido hacia el individuo y no hacia la Iglesia en su conjunto". Eso es cierto. Debemos aceptar el hecho de que cada uno de nosotros como individuos debe tener una filosofía para nuestro uso y aplicación de la tecnología y no puede delegar ese trabajo a la Iglesia. Una vez que tengamos eso en su lugar para nosotros mismos, entonces será una progresión natural que ayudaremos y esperaremos que nuestra iglesia haya hecho lo mismo. Si una iglesia está formada por miembros que son indiferentes y hostiles con la tecnología, entonces esa iglesia tendrá la misma mentalidad.

Dicho esto, pasemos al siguiente capítulo donde presentaré una solución simple al desafío de la tecnología para la iglesia moderna y esa es la posición a la que me refiero como pastor en línea. Vamos allá ahora.

CAPÍTULO 16
PREGUNTAS PARA DISCUSIÓN O ESTUDIO

1. ¿Qué fue lo que más te impresionó del material de este capítulo?
2. ¿Qué acciones harán los cambios que aprendiste en tu enfoque de la tecnología?
3. ¿Cómo evaluarías tu uso personal de las redes sociales en función del material de este capítulo?
4. ¿Cómo evaluarían el uso de las redes sociales de tu iglesia basándose en el material de este capítulo?
5. ¿Hay otros ejemplos de la Biblia que podrían añadirse a nuestra teología de las redes sociales y la tecnología?

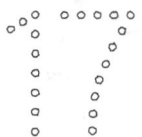

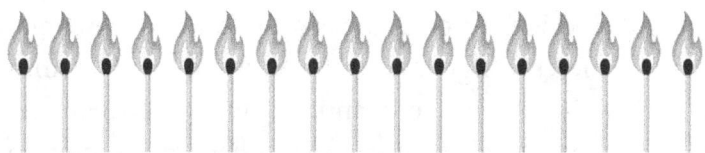

UNA SOLUCIÓN SENCILLA PARA CADA IGLESIA

En la sección anterior, recomendé que cada iglesia nombrara un pastor de propósito, alguien que pueda ayudar a las personas a reconocer y luego participar en su propósito a través de acciones apropiadas como publicar, iniciar un negocio, ser más creativo o entrar en el trabajo de la iglesia de tiempo completo. Para ir de acuerdo con el pastor de propósito, también recomiendo que cada iglesia identifique y libere a un pastor de redes sociales y tecnología. Observa que usé la palabra liberación; esta persona tendrá que ser liberada de las nociones preconcebidas de cómo se debe utilizar la tecnología para pavimentar nuevos caminos para el ministerio de la iglesia.

No voy a ser demasiado específico en cuanto a la descripción del trabajo de esta persona, pero en general, será para tomar lo que somos como pueblo—lo que enseñamos, cómo adoramos, lo que creemos, cómo aplicamos lo que creemos, nuestros ministerios de la iglesia— y hacer que sea accesible no sólo a aquellos que están más cerca de nuestra iglesia, sino que llegue a "los confines de la tierra".

Esta posición no va a permitir que la presencia de la iglesia en línea sea algo que se les ocurrió en el último momento o algo que se hace cuando la iglesia tiene un tiempito por ahí para hacerlo. El pastor en línea hará de las redes sociales y la tecnología una prioridad. Tendrán la plena cooperación de todo el personal y en cierto sentido co-pastorearán la iglesia con el pastor principal, sometiéndose mutuamente. Debido a la prioridad que los pastores líderes tienden a dar a la iglesia presencial, este pastor en línea y su equipo deben tener una autoridad sin precedentes para tomar decisiones en el mejor interés del trabajo en línea, a veces a expensas de la experiencia de adoración en vivo. Este pastor en línea tendrá permiso para involucrar a todo y cada uno de los miembros de la iglesia en este esfuerzo.

Por ejemplo, digamos que el pastor principal comparte un mensaje que es bien recibido por la gente. El pastor en línea puede decidir convertir esa serie en un libro, una serie en línea con una guía de estudio, o ponerla en cualquier otro formato necesario para cumplir con su propósito y el pastor mayor no puede rechazarla. El pastor en línea puede asignar a cualquier miembro del personal tareas en línea y no pueden rechazar o afirmar que no es su fortaleza o don, o recurrir a la excusa "Estoy demasiado ocupado". Por poner otro ejemplo, el pastor en línea puede decidir que la iglesia va a transmitir en vivo el ministerio de los jóvenes o los niños y eso es todo. No puede haber protestas de ninguno de los dos departamentos que no quieran hacer esto.

Si tienes experiencia en el trabajo de la iglesia, puedes protestar al pensar en todas las razones por las que esto no puede o no debe suceder. Permítanme darles otro ejemplo de cómo podrían y por qué deberían hacerlo. Una iglesia con la que he trabajado tuvo un club de mitad de semana para niños los miércoles y jueves por la noche. Cuando la asistencia disminuyó, eliminaron el miércoles por la noche y mantuvieron los eventos del jueves. Eso no tiene nada de malo. Un pastor en línea, sin embargo, nunca habría aceptado esa decisión sin investigar cómo ese club de mitad de semana podría ser reemplazado por una versión en línea.

Por lo tanto, el pastor en línea razonaría: "Los niños se quedan en casa, así que vamos a llegar allí. Vamos a desarrollar actividades en línea para reemplazar el evento del miércoles por la noche para que los niños y sus padres puedan beneficiarse de esas actividades cualquier noche de la semana que sea conveniente para ellos". Una vez más, si tú tienes experiencia, pensarás, La iglesia no tiene el personal para hacer eso. Es verdad, la iglesia no lo hace porque para la iglesia nunca ha sido una prioridad. El pastor en línea tendrá que construir un equipo entre los miembros disponibles para ayudar en este esfuerzo, especialmente los propios jóvenes que pueden ayudar a hacer el trabajo.

Sé que estoy siendo simplista en mis respuestas aquí porque las objeciones que se pueden plantear son legítimas y no fácilmente superadas, pero no son insuperables. Mi suposición es que todos los recursos que cualquier iglesia necesita para cumplir su misión están sentados en medio de ellos. La iglesia necesita nuevos ojos para ver quién está presente y utilizar a esas personas de una manera más efectiva. Aquí es también donde el pastor de propósito puede ayudar al pastor en línea. El pastor estará cerca de quién sabe y hace qué en la iglesia, y también a quien Dios está hablando de más participación en la obra del ministerio de la iglesia.

Otro aspecto de los deberes para el pastor de tecnología será identificar y construir un equipo que proporcionará una presencia en línea durante los servicios de adoración en vivo. Los miembros de ese equipo usarán su propia presencia en las redes sociales, o la de la iglesia, para publicar y transmitir partes del servicio en vivo. Eso incluirá citas del sermón, tal vez una línea de una canción cantada que les impresionó, o su propia visión a medida que el servicio progresa: "El pastor Sam está predicando desde 1 Samuel 1. Nunca había pensado en Ana como él la está presentando. ¡Buenas cosas!"

Además, el pastor de tecnología ayudará a cada miembro del personal con su propia filosofía de redes sociales, ayudándoles a explicar exactamente cómo y cuándo participarán personalmente en las redes sociales, qué medios usarán y qué incluirán en su presencia en línea. Esto puede ser un blog semanal, una actualización de video regular, un devocional o un podcast. Cuando falte el conocimiento técnico, el pastor proporcionará capacitación.

Entonces el pastor de tecnología hará lo mismo por cualquiera en la iglesia que esté interesado en hacer lo mismo. Comenzará impartiendo una teología de las redes sociales, reforzada desde el púlpito, para ayudar a la gente a superar cualquier sesgo latente contra la nueva tecnología. Entonces, el pastor en línea ayudará a las personas a entender cómo usar la tecnología de una manera consistente con su ministerio o propósito personal.

En 2014, empecé mi editorial, Urban Press. Debido a que los miembros me conocían, ahora he completado proyectos de libros para muchas personas en mi iglesia. ¿Cuál es mi punto? El pastor en línea en una iglesia sería el que ayudaría a los miembros con sus metas editoriales, incluyendo poesía, libros para niños y testimonios.

El pastor en línea, en asociación con el pastor de propósito, patrocinará seminarios de enseñanza sobre creatividad, con el enfoque principal en ayudar a las personas a superar su miedo a crear y publicar en línea. He observado lo temerosas que son las personas en la Iglesia para que se promuevan (más sobre eso en el Apéndice) o llamen la atención sobre su propia persona en lugar del Señor. Es por eso que debe haber un esfuerzo concertado para ayudar tanto al personal como a la membresía a superar el miedo que comenzó cuando Adán y Eva se escondieron de Dios en los arbustos porque estaban avergonzados y asustados (véase Génesis 3).

Otras maneras posibles de promover y resaltar la creatividad y el propósito, mientras que también el uso de la tecnología en el ministerio de la iglesia podría incluir:

- Exposiciones de arte
- Firmas de libros
- Uso de las redes sociales para indicar la presencia en los servicios de la iglesia
- Hacer que los presentes envíen preguntas sobre el sermón durante el servicio y que den tiempo para responder a esas preguntas como parte del mensaje predicado. Cualquier pregunta sin respuesta se puede manejar después de que el servicio haya terminado, lo adivinaste, las redes sociales.
- Alentar a un equipo de personas presentes durante los servicios a publicar citas e impresiones del servicio en sus propias redes sociales. Un equipo designado puede hacer lo mismo en los medios de comunicación de la iglesia.
- Proporcionar capacitación a los miembros mayores o a aquellos que no tienen acceso a la tecnología o al conocimiento de cómo usar lo que tienen. Esto puede incluir proporcionar computadoras o teléfonos inteligentes para aquellos

que no pueden pagarlos.
- Refuerzo de los altos directivos de que la tecnología es una parte vital de la misión de la congregación.

MÁS OBSTÁCULOS

A menudo he citado 2 Timoteo 1:7 a personas que se enfrentaban al miedo en lo que se refiere a su propósito y creatividad: "Porque el Espíritu que Dios nos dio no nos hace tímidos, sino que nos da poder, amor y autodisciplina." Hasta hace poco, nunca había citado el versículo seis, que proporciona el contexto para el miedo: "Por esta razón os recuerdo que aviváis en llamas el don de Dios, que está en vosotros a través de la imposición de mis manos." ¿Cuál es el contexto para el miedo? Es el regalo de la persona. Deben avivar ese don en llamas, pero por lo general serán indecisos para hacer eso. Tanto el pastor en línea como el propósito pueden ayudar a las personas a reconocer el miedo por lo que es y dónde está restringiendo las acciones apropiadas, y luego ayudarlos a tomar medidas para seguir adelante.

Algunas congregaciones ya han experimentado con un servicio de iglesia en línea con su propio equipo que supervisa la transmisión. Esto incluye un equipo de oración listo para presentar solicitudes de oración, saludadores que responden a comentarios o preguntas durante el servicio, da derecho a "recibir" la ofrenda y evangelistas para monitorear la llamada al altar que están listos para orar y dar seguimiento a los que responden. Durante la pandemia, las iglesias se han visto obligadas a hacer más en línea y de una manera más atractiva y personalizada. Sólo espero que esto continúe cuando la pandemia haya dado rumbo.

Puedo oír aún más objeciones que se plantean mientras escribo estas posibilidades para un mayor uso más intencional de la tecnología en la vida de la iglesia.

- "Estamos demasiado ocupados para esto." Esa es la razón por la que debe tener un equipo separado que no tenga funciones de iglesia presencial a cargo de estas iniciativas.
- "Esto no es la iglesia." Estoy de acuerdo, pero lo que aprendimos durante la pandemia es que ir a la iglesia en línea fue lo mejor para estar allí. Las iglesias tenían "visitantes" de todo el mundo, las finanzas en muchos casos se mantenían estables (si las iglesias tuvieran los medios para que la gente diera en línea), los gastos bajaron (sin mantenimiento del edificio ni uso de servicios públicos), y las necesidades espirituales de las personas se satisfacían a través de la oración y el asesoramiento (¿cómo habríamos hecho sin Zoom o Equipos?).
- "¿Qué pasa con las relaciones?" Mi iglesia tuvo todas sus reuniones de grupos pequeños durante la pandemia usando Zoom y la asistencia subió. La gente se mantuvo en contacto y las necesidades fueron satisfechas. Sí, tuvieron relaciones entre sí antes de la pandemia, y la tecnología nunca puede tomar el lugar de un abrazo o un apretón de manos (rascar el apretón de manos en el mundo post-pandemia), pero constantemente hemos subestimado el poder de la tecnología para mejorar e incluso iniciar relaciones (25% de todas las parejas hoy en día se reúnen en línea).

Ahora permítanme plantear algunas razones adicionales para hacer lo que he recomendado en este capítulo si deciden no comprometerse plenamente con una presencia en línea vibrante utilizando la tecnología disponible para usted.

- Leemos en Hechos 20:35 que es mejor dar

que recibir. Si tienes la oportunidad de "regalar" quién eres como pueblo o de compartir lo que Dios está haciendo por ti como individuo o iglesia, es el equivalente a encender una vela. Si no lo compartes por todos los medios disponibles, es como colocarlo debajo de un bushel.

- Hay mucho que puedes hacer durante las pocas horas que la iglesia se reúne para discipular, entrenar e involucrar a las personas donde están. La tecnología les da acceso a recursos para el crecimiento y el desarrollo 24/7.

- Cuando no le das al mundo acceso a quién eres, a lo que sabes y a lo que Dios te ha dado para hacer, delegas a la Gran Comisión a unos pocos elegidos. Abdicas de la responsabilidad personal de hacer lo que puedas para difundir las buenas noticias.

- Si tienes algo que podría beneficiar a las personas de otras iglesias, tienes la obligación de ponerla a disposición si deciden prestar atención o acceder a ella. Lee lo que Pablo escribió concerniente a los Tesalonicenses:

Como resultado, han llegado a ser un ejemplo para todos los creyentes de Grecia, es decir, por toda Macedonia y Acaya. Y ahora, la palabra del Señor está siendo anunciada, partiendo de ustedes a gente de todas partes, aún más allá de Macedonia y Acaya, pues adondequiera que vamos, encontramos personas que nos hablan de la fe que ustedes tienen en Dios. No hace falta que se la mencionemos, pues no dejan de hablar de la maravillosa bienvenida que ustedes nos dieron y de cómo se apartaron de los ídolos para servir al Dios vivo y verdadero. También comentan cómo ustedes esperan con ansias la venida, desde el cielo, del Hijo de Dios, Jesús, a quien Dios levantó de los muertos. Él es quien nos rescató de los horrores del juicio venidero. (1 Tesalonicenses 1:7-10).

Pablo los felicitó por el buen testimonio que estaba teniendo un impacto en otros creyentes de toda la región.

Cuando la pandemia golpeó, aquí estaba mi respuesta a la situación.

- Sesiones de treinta minutos de Facebook Live tres veces a la semana.
- Un programa de radio de una hora de lunes a viernes.
- Edité un devocional diario de uno de mis cinco libros devocionales publicados de lunes a viernes, y luego lo publiqué en Facebook, LinkedIn, Twitter y mi aplicación móvil del ministerio, que lancé a un mes de la pandemia.
- Múltiples publicaciones cortas e inspiradoras diarias en todas las redes sociales, pero especialmente en mi página personal de Facebook. Ahora estoy en el proceso de publicarlos bajo el título *Proverbios Pandémicos: Sabiduría desde el Encierro*.
- Reactivado mis páginas de Facebook para Urban Press (Prensa Urbana) y PurposeQuest International (Búsqueda de Propósito Internacional).
- Escribí un post semanal en mi estudio de la Biblia *Live the Word* (Vive la Palabra) centrado en la creatividad y el propósito en el libro del Génesis. Lo publiqué en mi blog, en Facebook,

Twitter y LinkedIn. Exacto; se convertirá en un libro cuando se termine.

- Publiqué un post semanal en mi blog personal que se centró en el liderazgo y otras cuestiones de interés general.

- Continué mi publicación semanal en mi sitio de *Memo del Lunes*, que tiene 965 entradas a partir de este escrito.

- Mantuve una comunicación regular con aquellos que escriben o publican comentarios. También tenía un horario rotatorio para llamar a aquellos que estaban en mi corazón para mantenernos en contacto durante la crisis.

- Comencé un curso de estudio en línea de seis semanas sobre el tema de la creatividad. Había tenido reuniones cara a cara en mi iglesia y la asistencia había disminuido a cinco o seis personas. El curso en línea tenía 20 personas inscritas. Este es un informe típico durante la pandemia, ya que las iglesias vieron un aumento de la "asistencia" a sus programas cuando los pusieron en línea.

Si esto es lo que un hombre puede hacer y hacerlo eficazmente, ¿qué podría producir un equipo de dedicados miembros de la iglesia y voluntarios que refleje y exprese la vida de Cristo por medio del Espíritu en medio de ellos?

Esta nueva sección no está destinada a proporcionar una lista de cosas para que puedas hacer para tener una presencia en línea más profunda. Está destinado a hacerte pensar y darte ejemplos de algunas de las posibilidades disponibles para ti y las razones por las que deberías considerar hacerlas.

Una de las objeciones más significativas que escucho en cuanto al uso de las redes sociales es que es narcisista, foco de auto promoción y glorificación para sí mismo (a través de selfies y otras expresiones) con material trivial egocéntrico. No hay duda de que es la forma en que algunas personas utilizan sus redes sociales, que es una infrautilización de un recurso valioso. Sin embargo, debido a que algunos hacen mal uso de su computadora para ver cosas malas, ¿significa eso que no debemos usar nuestros ordenadores para siempre?

Si estás interesado en mi respuesta a esta objeción, no la incluiré aquí, porque me temo que he dicho en este capítulo lo suficiente. En su lugar, terminaré esta sección y formularé más argumentos para las redes sociales en el Apéndice. Allí abordaré los temas de la auto promoción y llamaré la atención sobre uno en particular para ver si podemos entender mejor cómo evitar esos escollos en el uso de la tecnología dada por Dios. Gran parte de lo que está en el Apéndice fue escrito en mi sitio *Memo del Lunes* mucho antes de la pandemia, por lo que están en el formato que utilizo para ese programa semanal.

CAPÍTULO 17
PREGUNTAS PARA DISCUSIÓN O ESTUDIO

1. ¿Qué es lo que más te impresionó del material de este capítulo?
2. ¿Qué acciones harán los cambios en tu enfoque de la tecnología?
3. ¿Cómo evaluarías tu uso personal de las redes sociales en función del material de este capítulo?
4. ¿Cómo evaluarían el uso de las redes sociales de tu iglesia basándose en el material de este capítulo?
5. ¿Qué nuevas ideas o estrategias se te ocurrieron mientras leías este capítulo? ¿Cuál es tu plan para implementarlos?
6. ¿Cuáles son los obstáculos en tu vida, o la vida de tu iglesia, impidiendo un uso más o más eficaz de las redes sociales?

★★★★★

Antes de pasar al epílogo, echemos un vistazo a los Ocho Pasos, juntos por primera vez al final de esta nueva sección:

1. Levantar un ejército de hombres y mujeres dirigidos por propósitos que tengan fe para hacer lo imposible, liberados de tratar de ser quienes no son y libres para ser la expresión más plena y mejor de quiénes Dios los creó para ser.

2. Equipar a las personas para realizar misiones (tanto nacionales como extranjeras), para lanzar negocios y para llevar a cabo cualquier otra actividad que su propósito dicte y la fe lo permita.

3. Ayudar a los líderes a ser productivos en su propósito al supervisar el caos del Espíritu Santo creado por personas que persiguen y cumplen su propósito.

4. Ayudar a los líderes y órganos rectores a pasar de las actitudes de propiedad a las actitudes de liderazgo y mayordomía de los siervos.

5. Desarrollar servicios, Escuelas Dominicales, la iglesia de los niños, reuniones de jóvenes e incluso reuniones de comités a las que las personas quieren asistir porque implican un espíritu de excelencia e inesperado.

6. Pasar de modas, programas imitadores, y rituales, tradiciones y doctrinas trilladas y falsas a iniciativas innovadoras en el Espíritu de (pero superando los resultados de) la iglesia primitiva.

7. Abordar y satisfacer las necesidades de los pobres, las minorías étnicas y las mujeres de todo el mundo.

8. Utilizar la tecnología y las redes sociales no como algo de última hora o espectáculo secundario, sino como algo igual en importancia para el ministerio cara a cara.

EPÍLOGO

Cuando estaba haciendo las últimas ediciones en esta sección, escribí dos artículos en mi blog sobre creatividad e innovación en iglesias. Pensé que serían el final perfecto para esta sección y para este libro revisado antes de pasar al Apéndice. Hablan por sí mismos y se relacionan muy bien con lo que hemos discutido. Haré algunos comentarios al final.

★★★★★

¿INNOVADOR O CREATIVO?

Hay muchos subproductos y tendencias interesantes que surgen de la pandemia del 2020. Una es la lucha por que las economías se reabran. Parte del problema es que nos hemos acostumbrado a vivir con tan poco, que la gente piensa dos veces antes de gastar su dinero en cosas innecesarias. También nos ha hecho dar un paso atrás y ver cómo hemos manejado nuestra economía en la última década. En mi opinión, gran parte de nuestra creatividad ha consistido en hacer que lo que ya existe sea un poco mejor o diferente. Por ejemplo, la primera micro-cervecería fue innovadora, pero ¿necesitamos cientos de ellas? Probablemente no. Lo mismo con las tiendas de yogures, balnearios y tiendas minoristas que venden chatarra barata de China.

Sin embargo, mi enfoque principal no ha sido la economía, sino la Iglesia durante este tiempo. Mientras escribo, algunas iglesias están reabriendo, habiendo hecho una "limpieza profunda" con asientos espaciados para un distanciamiento social apropiado. Durante la pandemia, vi mucha creatividad de la iglesia, pero no vi mucha innovación: el uso creativo de algo que cambia la cultura y no sólo una expresión de los valores o normas culturales existentes. Permítanme darles un ejemplo de lo que considero innovación y comprenderán lo que quiero decir.

LA SINAGOGA

¿Alguna vez pensaste de dónde vinieron las sinagogas, cómo o por qué surgieron? No se menciona una sinagoga en el Antiguo Testamento. La primera mención está en los evangelios y para entonces, era una parte importante de la vida y la adoración judías. ¿Cómo se hizo tan popular y prominente?

Parece que los judíos tenían su propia pandemia en el 586 a. C. cuando Nabucodonosor saqueó Jerusalén y el Templo con ella. Todo el foco de la vida judía había girado en torno al Templo y el sistema de sacrificios, pero de repente, tal como experimentamos en la pandemia, su enfoque de adoración se había ido.

Algunos de los judíos se quedaron en Jerusalén, pero la mayoría de los que sobrevivieron fueron llevados a Babilonia, hogar de muchos templos dedicados a ídolos que estaban fuera de los límites de los judíos. ¿Qué hicieron los judíos? Ellos innovaron. Se ajustaron del sistema del templo con sacrificio animal a la sinagoga donde la lectura y el estudio de la Palabra era lo principal. Cuando regresaron a Judea 70 años más tarde, finalmente reconstruyeron el Templo, pero para entonces la sinagoga se estableció firmemente como una parte importante de su cultura de adoración.

LAS IMPLICACIONES

¿Adónde voy con todo esto? Las iglesias se apresuraron a utilizar las redes sociales durante la pandemia, algunas que habían sido voceras opositoras de su uso antes de la pandemia. Tenían la actitud de que «las redes sociales y la tecnología son una abominación al Señor... y una ayuda siempre presente en tiempo de problemas. Muchos vieron crecer sus «números» y sus finanzas se mantuvieron estables (aquellos que todavía se negaban a participar no podían esperar para reabrir su salvavidas a la gente). Algunos dieron testimonio de que la gente los estaba «observando» desde países extranjeros y algunos vieron a personas entregar su vida al Señor mediante el uso de la tecnología.

Vimos iglesias conducir iglesias usando los radios de sus automóviles. Tuvimos unidad a través de la oración y las líneas de sanación. Había muchos otros ejemplos de creatividad, pero ahora que la "presión" se alivia, ¿podemos seguir siendo creativos? También fuimos creativos en nuestro despliegue de tecnología, pero ¿podemos ahora también ser innovadores?

- ¿Podemos tomar preguntas durante nuestros servicios en vivo usando Facebook o Twitter y usar los últimos 10 minutos de nuestro tiempo de mensaje para responder a algunas de esas preguntas para asegurarnos de que la gente «agarrara» lo que estábamos predicando? ¿Podemos responder a las otras preguntas después del servicio a lo largo de la semana utilizando las redes sociales?

- ¿Podemos designar un equipo de la iglesia en línea para monitorear quién está mirando o escuchando a través de las redes sociales, para orar con cualquiera que tenga necesidades, o para «darles la bienvenida» como lo haríamos durante un servicio en vivo?

- ¿No podemos terminar un mensaje dominical sin decirle a la gente a «sintonice" el domingo por la noche para escuchar la conclusión?

- ¿Qué tal si desarrollamos devocionales en línea para que los padres las usen con sus hijos durante el verano e incluso durante todo el año escolar?

- ¿Sería posible continuar nuestros estudios bíblicos en línea por Zoom pequeños grupos?

- ¿Hay otras iniciativas en las redes sociales que podamos continuar después de que se dé la luz verde para reunirnos?

Estas son sólo algunas de las ideas que se me ocurren y considero creativas e innovadoras para ayudarnos a hacer la transición de Jerusalén a Babilonia como tuvieron que hacer los judíos. Yo sugeriría que las redes sociales podrían ser nuestra respuesta similar a la sinagoga a los acontecimientos actuales. A medida que volvemos a la Iglesia, y bien debemos si podemos y es seguro, no olvidemos la lección de la pandemia de que la tecnología es lo mejor para estar allí. Nos ha mostrado las posibilidades de un concepto completamente nuevo de la misión de la iglesia.

★★★★★

EL CAMINO SABIO

En el ensayo anterior, discutí sobre la innovación y la creatividad, señalando que la pandemia hizo que las iglesias fueran creativas en su uso de la tecnología. Usé el ejemplo de la sinagoga como ejemplo de una innovación que se desplegó creativamente en la historia judía, y me preguntaba qué innovaciones surgirán de esta temporada, o si en nuestra prisa por reabrir nuestras iglesias, abandonaremos el uso creativo continuo de la tecnología que podría conducir a algo fresco y nuevo en la forma en que las iglesias ofrecen sus "servicios".

Si alguna vez han escuchado una de mis presentaciones de propósito, me han escuchado comenzar con Hechos 6:1-7, donde los apóstoles eligieron a los hombres para llevar a cabo la carga de la obra entre las viudas (y han visto este pasaje mencionado a lo largo de este libro):

En aquellos días en que el número de discípulos

estaba aumentando, los judíos helenísticos entre ellos se quejaban contra los judíos hebraicos porque sus viudas estaban siendo pasadas por alto en la distribución diaria de alimentos. Así que los Doce reunieron a todos los discípulos y dijeron: "No sería correcto que descuidáramos el ministerio de la Palabra de Dios para servir las mesas. Hermanos y hermanas, escojan a siete hombres de entre ustedes que se sabe que están llenos del Espíritu y de la sabiduría. Les entregaremos esta responsabilidad y les prestaremos atención a la oración y al ministerio de la palabra". Esta propuesta complació a todo el grupo. Eligieron a Esteban, un hombre lleno de fe y del Espíritu Santo; también Felipe, Prócoro, Nicanor, Timón, Parmenas y Nicolás de Antioquía, un converso al judaísmo. Presentaron a estos hombres a los apóstoles, que oraron y pusieron sus manos sobre ellos. Así que la palabra de Dios se extendió. El número de discípulos en Jerusalén aumentó rápidamente, y un gran número de sacerdotes se volvieron obedientes a la fe.

El pueblo eligió a esos hombres para servir o ministrar a las viudas en la iglesia, y la palabra griega para el servicio aquí es diakonia, de la cual derivamos nuestra oficina moderna de la iglesia de o palabra diácono.

Muchas iglesias han tomado este pasaje en Hechos 6 y lo han convertido en un modelo para el gobierno y el servicio de la iglesia. En algunas iglesias, los diáconos son la última autoridad de gobierno; en otros, son personas que sirven haciendo cosas prácticas en la iglesia como el cuidado de la construcción, el ministerio de las mujeres y similares. El objetivo de este ensayo no es debatir qué enfoque o interpretación de los diáconos es correcto; el objetivo es mostrar que cualquier acercamiento a los diáconos como institución eclesiástica no tiene en cuenta el punto por completo. Los diáconos originales no eran sobre el gobierno o la tradición de la iglesia; eran simplemente una solución innovadora a un nuevo problema.

EL TRASFONDO

Lo mejor que podemos decir, no había un precedente bíblico sobre el cual los apóstoles pudieran revisar para elegir y encargar a los diáconos. Jesús les había instruido para cuidar de los pobres y la mayoría de las viudas eran pobres en la iglesia primitiva si no tenían otra familia que los cuidara. A medida que la iglesia crecía, el número de viudas aumentaba incluyendo las que no eran hebreas en Jerusalén. Los apóstoles fueron convocados para abordar este problema que nunca antes habían enfrentado. Es interesante que Lucas tuvo cuidado de señalar que el problema era entre dos grupos étnicos, los hebreos y los creyentes griegos, lo que nos muestra que existían tensiones étnicas incluso en la iglesia primitiva.

Los apóstoles abordaron este problema creativamente, utilizando la sabiduría para llegar a una solución innovadora. No creo que estuvieran instituyendo una oficina de la iglesia en Hechos 6 como se dijo anteriormente, sino que estaban poniendo los fundamentos de un nuevo enfoque que la Iglesia debería adoptar para resolver los problemas y desafíos que seguramente surgirán en cada generación, ya sea dentro o fuera de la iglesia. Estaban estableciendo un precedente, no estableciendo una tradición.

LAS IMPLICACIONES

Cuando reflexiono sobre la creatividad y la innovación, pienso en los versículos de Proverbios 8:22-31, donde aprendemos que la sabiduría estaba del lado de Dios cuando creó el universo:

"El Señor me formó desde el comienzo, antes de crear cualquier cosa. Fui nombrada desde la eternidad, en el principio mismo, antes de que existiera la tierra. Nací antes de que los océanos fueran creados, antes de que brotara agua de los manantiales. Antes de que se formaran las montañas, antes que las colinas, yo nací, antes de que el Señor hiciera la tierra y los campos y los primeros puñados de tierra. Estaba presente cuando él estableció los cielos, cuando trazó el horizonte sobre los océanos. Estaba ahí cuando colocó las nubes arriba, cuando estableció los manantiales en lo profundo de la tierra. Estaba ahí cuando puso límites a los mares, para que no se extendieran más allá de sus márgenes. Y también cuando demarcó los cimientos de la tierra, era la arquitecta a su lado. Yo era su constante deleite, y me alegraba siempre en su presencia. Qué feliz me puse con el mundo que él creó; cuánto me alegré con la familia humana".

La sabiduría está estrechamente relacionada con la creatividad, lo que lleva a mi definición de creatividad:

la sabia aplicación del conocimiento a los problemas u oportunidades existentes de tal manera que surja algo nuevo e innovador.

En Hechos 6, el problema era el cuidado de las viudas. El precedente bíblico que existía era el caso en el que Moisés seleccionó ayudantes (o algo parecido a los diáconos) porque estaba abrumado; más tarde, las elecciones también fueron comunes en Israel para elegir a los líderes de la sinagoga. Por lo tanto, los apóstoles aplicaron el conocimiento existente (conseguir ayuda a los líderes y celebrar elecciones para esos ayudantes) de una manera nueva —una manera sabia— para abordar un problema actual y el resultado fue la creatividad: un grupo de hombres a los que etiquetamos hoy como diáconos.

¿Cuál es mi punto? La iglesia debe ser el bastión y la vanguardia de la creatividad porque tenemos el Espíritu Creativo de Dios en medio de nosotros. No debemos buscar resolver nuevos problemas con las soluciones del pasado. Estamos innecesariamente vinculados a nuestras tradiciones cuando no vemos la creatividad como una función de la Iglesia y de los creyentes, o cuando el miedo nos hace volver a los procedimientos probados y verdaderos en lugar de experimentar con nuevas aplicaciones de principios de sabiduría probados y verdaderos que conducen a la innovación.

Les insto a que no se conformen con lo que se ha hecho, sino que tomen lo que se ha hecho y sean pioneros en algo que nunca se ha hecho. El mundo no está esperando que debatamos el papel de los diáconos, sino que debatamos para encontrar soluciones del siglo XXI a los desafíos modernos que son iguales a lo que los apóstoles hicieron en Hechos 6. Cuando lo hagamos, trabajaremos con la sabiduría de Proverbios 8 que estaba presente cuando Dios creó y estructuró el mundo. Una cosa es cierta: No hay mayor creatividad con la que tú y yo podamos trabajar que cualquier cosa infundida con el Espíritu de Dios.

★★★★★

Lo que hemos discutido en este libro, y especialmente en esta nueva sección sobre tecnología y redes sociales, representa de hecho una reforma de la Iglesia, tal vez tan dramática como la que comenzó cuando Martín Lutero clavó sus 95 tesis en la puerta de la catedral de Wittenberg en 1517. Es un plan para hacer que la iglesia sea menos pesada con la tradición, estilos de liderazgo obsoletos y viejos sistemas de realizar los servicios y recursos espirituales que el mundo y sus miembros necesitan.

Como he dicho en otras partes, no se trata realmente de tecnología, sino de liderazgo. ¿Surgirá un nuevo liderazgo que vea la necesidad de que la Iglesia cambie o se contentará con cumplir con sus términos ajustando en lugar de derribar y reconstruir las estrategias de comunicación de la Iglesia, al mismo tiempo que reexamina y reorienta su alcance misional? La Iglesia representa el reino de Dios en la Tierra, y existe tanto para equipar a los santos que son miembros como para exaltar al Señor para que todo el mundo lo vea. Las puertas del infierno seguirán asaltando a la Iglesia, tratando de amortiguar y confundir su mensaje. Los líderes deben tener cada vez más claro que la Iglesia no existe para preservar la tradición, sino para desafiarla y redefinirla con cada generación.

Mi oración es que la pandemia COVID-19 que ha barrido el mundo proporcione parte del incentivo que necesitamos para cambiar la forma en que hacemos la iglesia. Mientras escribo, las iglesias están saliendo del bloqueo total, tratando de averiguar cómo desinfectar sus instalaciones para satisfacer los requisitos de salud y dar confianza a la gente para reunirse sin riesgo. Mi propio sentido es que el paso para reiniciar las reuniones públicas diluirá la necesidad de continuar los progresos que vimos en la utilización de la tecnología durante el orden de estancia en casa.

Al mismo tiempo, esperaría que la asistencia a las reuniones públicas se redujera de los niveles pre-pandémicos, lo que es una mala noticia porque la asistencia ya estaba disminuyendo antes de la pandemia, y un número menor significa ofertas más pequeñas. Tal vez Dios use menos personas que conduzcan a menos dinero para proporcionar el incentivo post-pandémico para cambiar. Eso espero.

Al cerrar, pienso en Isaías 52:7 que dice: "Cuán hermosos en las montañas son los pies de los que traen buenas noticias, que proclaman la paz, los que traen buenas nuevas, los que proclaman la salvación, los que dicen a Sión: '¡Tu Dios reina!'" Pablo se refirió a este versículo cuando escribió en Romanos 10:14-15,

> Entonces, ¿cómo pueden invocar a la persona en la que no han creído? ¿Y cómo pueden creer en aquel de quien no han oído? ¿Y cómo pueden oír sin

que alguien les predique? ¿Y cómo puede alguien predicar a menos que sea enviado? Como está escrito: "¡Qué hermosos son los pies de los que traen buenas noticias!"

Señor, ayúdanos a predicar las buenas noticias a través de todos los medios posibles, y ten en cuenta las últimas palabras que hablaste a Tus discípulos que se convirtieron en sus órdenes de marcha como Tus soldados:

"Toda autoridad en el cielo y en la tierra me ha sido dada. Por lo tanto, ve y haz discípulos de todas las naciones, bautizándolos en el nombre del Padre y del Hijo y del Espíritu Santo, enseñándoles a obedecer todo lo que te he mandado. Y ciertamente estoy con vosotros siempre, hasta el final de los tiempos" (Mateo 28:18-20).

Quédate con nosotros mientras procuramos hacer de la Iglesia todo lo que puede ser, todo lo que Tú quieres que sea, en esta generación y en las venideras hasta Tu regreso. Amén.

APÉNDICES
UNA
MEDIANTE
SIETE

APÉNDICE UNO

LA AUTORIDAD DE PROPÓSITO

Escribí este correo electrónico como parte de una serie semanal de seis meses titulada *"Put Me In, Coach" (Adiéstrame)*. La premisa era que podemos y debemos vivir un estilo de vida más asertivo y audaz que aproveche tantas oportunidades como sea posible para transmitir la bondad de Dios y la obra del Espíritu en la Iglesia y en nuestra vida. Por ahora, por supuesto, te das cuenta de que esto se puede hacer más eficazmente a través del uso adecuado de la tecnología como se expresa a través de las redes sociales. Además, como recomiendo que cada iglesia tenga un pastor de propósito, esto reforzará la importancia del propósito en el crecimiento de cualquier iglesia.

★★★★★

INVÍTATE A LA FIESTA: LA AUTORIDAD DE PROPÓSITO

Me estaba preparando para dar una clase no hace mucho cuando uno de los estudiantes trajo un pastel y refrigerios porque era su cumpleaños. Cuando dije: *"Te invitaste a la fiesta"*, me recordó un *Memo del lunes* que escribí hace años titulado: *"Invitarse a la fiesta"*. Supe de inmediato que encajaba con nuestro tema actual, que es "Adiéstrame: Vivir una vida audaz". Permítanme explicar con ejemplos de mi propia vida.

Durante años, sería un invitado en los programas de los medios de comunicación, después de lo cual el presentador se deleitaría con lo bien que estuvo el programa, prometiendo tenerme de vuelta en el programa pronto. En casi todos los casos, nunca me invitaron de vuelta. O estaban mintiendo que el programa estuvo bien (estuve de acuerdo con su evaluación de que sí estuvo bien), o no tenían intención de pedirme volver (lo que significaba que estaban mintiendo), o simplemente no siguieron (eran sinceros pero ineficientes).

Cualquiera que sea la razón, decidí después de tantas decepciones invitarme a la fiesta: patrociné mi propio programa semanal en dos estaciones de AM durante seis años, como se mencionó anteriormente, y también dirigí cientos de programas de radio. Además, comencé un canal de Vimeo y tengo muchos videos publicados allí y en Facebook. Mi punto es que ya no estaba contento de ser invitado a la fiesta. Al igual que mi estudiante, hice mi propia fiesta.

UN LLAMADO AL PROPÓSITO

Me encontré con este comentario que escribí hace ocho años sobre Mateo 10:1-4. Primero, aquí está ese pasaje, y luego mis comentarios:

> Jesús llamó a sus doce discípulos y les dio autoridad para expulsar espíritus impuros y sanar toda clase de enfermedades y dolencias. Estos son los nombres de los doce apóstoles: primero, Simón (que se llama Pedro) y su hermano Andrés; Santiago hijo de Zebedeo, y su hermano Juan; Felipe y Bartolomé; Thomas y Mateo el recaudador de impuestos; Santiago hijo de Alfeo, y Tadeo; Simón el Zelote y Judas Iscariote, quien lo traicionó.

Cuando Dios te llama a un propósito, te llama por tu nombre y te llama Él mismo. No es sólo una tarea, es una relación única con él. He descubierto que cuando trabajo en mi propósito, Dios me provee y se ocupa de todo lo que necesito para cumplir con mi propósito. Me habla, y mi relación con Él es de alguna manera más cercana e íntima cuando estoy hablando de mi propósito.

En Mateo, Jesús llamó a doce hombres a Sí mismo y les dio autoridad. Esa fue una pregunta que los judíos siempre le hicieron a Jesús: "¿Con qué autoridad haces estas cosas?" Jesús hizo las cosas que hizo con la autoridad de Su propósito. Ésa es toda la autoridad que tú necesitas porque tu propósito es la tarea que se te ha asignado desde tu cuartel general celestial. Cuando te mueves en tu propósito, no necesitas una invitación a la fiesta, por así decirlo. Te invitas tú mismo. Alguien más lo describió como nominarse a sí mismo para el trabajo.

AUTORIDAD

Si tu propósito es ayudar a los pobres, no necesitas que nadie te invite a hacerlo. Apareces donde están los pobres y los ayudas. Estaba reflexionando sobre este tema de la autoridad recientemente y se me ocurrieron nueve aspectos de propósito que te dan la autoridad para hacer lo que Dios quiere que hagas, sin una invitación. Aquí están:

1. **La autoridad de los resultados:** Tu propósito te ayuda a dar fruto. Nadie puede cuestionar tu autoridad cuando puedes mostrar el fruto de sus labores.

2. **La autoridad de la claridad:** Tu propósito es una declaración clara y concisa de lo que estás para hacer en la tierra. La gente te seguirá y responderá a ti porque eres directo, claro y enfocado.

3. **La autoridad del conocimiento:** Tu propósito te permite e incluso te impulsa a ser hábil en lo que haces. Tendrás más conocimiento y entendimiento sobre tu esfera de propósito que

otros.

4. **La autoridad del llamamiento:** Dios asignó tu propósito y quiere que lo cumplas aún más que tú. Abrirá puertas y creará oportunidades para que tengas éxito.

5. **La autoridad de la integridad:** Tu propósito te hace vivir de tus valores, de las cosas que son más importantes para ti. No quieres socavar tu propósito, así que has añadido un incentivo para ser una persona honesta de tu palabra.

6. **La autoridad del valor:** Tu propósito te convierte en un líder donde tú funciones. Te enfrentas a tus miedos porque tu propósito es más importante que tú. Hay personas que esperan beneficiarse de lo que haces y quién eres, por lo que presionas a través de los obstáculos para estar allí para ellos.

7. **La autoridad del éxito:** Tu propósito te da resistencia para presionar a través de las barreras y soportar largos períodos de sufrimiento y frecuentes contratiempos. No solo se logran resultados a corto plazo; lo hace durante un largo período de tiempo, que se define como éxito.

8. **La autoridad de la humildad:** Conoces tu fuente de fortaleza, que es Dios mismo. Reconoces tu fuente, pero no niegas que eres bueno en lo que haces porque sabes que Dios te ayuda a producir resultados.

9. **La autoridad de la honestidad:** No te involucras en la "falsa humildad" (negando lo que puedes hacer). Conoces y enfrentas tus limitaciones y debilidades con apertura y transparencia, y haces lo mismo con tus fortalezas.

Cuando tienes un propósito, tienes toda la autoridad que necesitas para actuar. Si no puedes encontrar un compañero que te ayude, ve solo y espera a que un compañero te encuentre. Si eso no sucede, entonces alégrate con el hecho de que tienes el compañero más importante de todos, el Señor Mismo, y juntos asistirán a una fiesta con propósito que impactará la vida de los demás y enriquecerá la tuya.

Si las personas tienen autoridad para actuar y hablar, entonces cuánto más la Iglesia de Jesucristo, que se encarga de difundir el Evangelio y discípulos creyentes. La Iglesia no necesita permiso para hacer esto, ya que ya se ha concedido.

La belleza y el desafío de las redes sociales son sus formas discretas. Las personas eligen seguir a ciertos usuarios de las redes sociales, o no. Pueden absorber la mayoría, algunos, un poco o nada de lo que un individuo o entidad produce, incluso cuando han optado por conceder a esa entidad acceso a su atención y vida.

APÉNDICE DOS

MARKETING CON PERMISO

En estos próximos tres ensayos, incluyo la primera serie de mi Memo del Lunes sobre un concepto llamado **marketing con permiso**. Introduje este concepto en la Sección Tres cuando discutí la influencia que Seth Godin ha tenido en mi vida y mi ministerio. No te dejes desmotivar por la naturaleza secular del concepto, ya que es sobre este principio que he establecido el trabajo que hago en y a través de la tecnología. Sigue leyendo y por favor está abierto a su relevancia para nuestra discusión de que debemos cambiar la forma en que definimos y desarrollamos los ministerios y servicios de la Iglesia.

★★★★★

MARKETING CON PERMISO 1

Como ya sabes, soy un admirador de Seth Godin. Creo que es uno de los mejores pensadores de marketing hoy en día, pero su trabajo trasciende el marketing y también habla del liderazgo. Su trabajo me influyó para comenzar The Monday Memo (El Memo del Lunes) en 2001 y creo que su visión tiene gran relevancia para los líderes, ya sea en los negocios o en la iglesia. Godin me presentó el concepto de marketing con permiso, que tiene implicaciones para todos los que somos líderes y es relevante para el tema de Cambiar la forma en que hacemos la Iglesia.

Godin siente que la mayoría del marketing moderno no funciona bien porque el público al que se dirige no lo pidió y no lo quiere. Señala que muchos vendedores buscan interrumpir a la gente con anuncios no deseados, vallas publicitarias, mensajes de computadora pop-up y correo directo. En consecuencia, muchas personas ignoran esos mensajes no deseados.

Godin argumenta que las empresas deben invertir dinero en crear productos y servicios notables en lugar de gastar el dinero en algo como un anuncio durante la transmisión del Super Bowl que cuesta millones de dólares por un espacio de 30 segundos. Los productos notables son su propio mejor plan de marketing y el boca a boca difundiría las noticias como un virus, según Godin. Por lo tanto, también acuñó (o al menos ayudó a popularizar) el término "idea viral". A la luz de la pandemia de 2020, todos deberíamos tener una mayor apreciación de lo que un virus puede hacer y de la rapidez con la que puede hacerlo.

Lo que tiene más sentido para Godin es el marketing con permiso donde la gente ha pedido o al menos no ignora los avisos, anuncios y material de una empresa (o iglesia). Mi Memo del lunes es un ejemplo de marketing con permiso. La gente me ha dado permiso para enviarles lo que escribo, y son libres de detener esa conexión en cualquier momento. Me han dado su consentimiento para compartir mis pensamientos, por lo que soy libre de establecer una relación en línea con ellos. Estos son algunos puntos a recordar sobre el marketing con permiso:

1. Cuesta tiempo y dinero.
2. Es revocable e intransferible; no se puede imponer a nadie más.
3. No sucede por accidente; se necesita esfuerzo concertado y pensamiento.

4. Las relaciones deben ser alimentadas; no hay resultados rápidos o fáciles.

5. Se trata del destinatario o del público objetivo y no de la empresa, servicio, producto, iglesia o individuo que realiza el marketing.

Esta es la razón por la que la mayoría de las empresas, organizaciones sin fines de lucro, iglesias y organizaciones no "lo consiguen" en lo que se refiere al marketing con permiso. Es demasiado lento, poco espectacular, y demasiado limitado o restrictivo. La antigua forma de marketing necesitaba mercados masivos y el marketing con permiso se centra en la construcción de relaciones dentro de un nicho de mercado más pequeño. Estoy especialmente intrigado de que la mayoría de las iglesias no apliquen este enfoque de marketing al evangelismo, la recaudación de fondos y el discipulado. Parece que las relaciones y la influencia son sus fortalezas.

Debido a que el marketing con permiso tiene que ver con los destinatarios (sus necesidades y deseos), muchas empresas e iglesias eligen no participar. Todavía quieren dominar iniciando conversaciones e interrumpiendo a las personas con el mensaje del Evangelio, o su último producto, programa, servicio o próximo evento. Además, las iglesias básicamente han dicho al público: "Si quieres lo que tenemos, vas a tener que venir a donde estamos en los momentos específicos que estamos allí".

¿Cómo puede aplicar el marketing con permiso en tu mundo? ¿Qué puedes hacer para enviar tu mensaje a las personas que están abiertas a escuchar en lugar de tocar puertas, hacer llamadas telefónicas al azar y responder preguntas que nadie está haciendo? Esta es una pregunta desafiante, pero debe ser respondida por cada individuo y organización en este mundo del siglo XXI donde la velocidad y las múltiples opciones gobiernan el día.

El marketing con permisos ha cambiado mi estilo de

liderazgo de uno de dominio a uno de asociación y cooperación. Tiene el mismo potencial para ti, pero la pregunta sigue siendo: ¿Ves la necesidad de cambiar? Supongo que una pregunta aún más importante y fundamental es: ¿Quieres cambiar? Si lo haces, ¿qué harás para obtener la capacitación necesaria para hacer y mantener esos cambios? Vamos a continuar nuestro vistazo a la comercialización de permisos en el siguiente ensayo.

MARKETING CON PERMISO 2

Como se definió en el ensayo anterior, el marketing con permiso es una estrategia de marketing que hace hincapié en la construcción de relaciones con aquellos que quieren en lugar de tratar de capturar a aquellos que no. Si eres como yo, obtienes una gran cantidad de correos electrónicos masivos no deseados, que se llaman spam, y circulares en el correo, llamados correo masivo o basura. El spam es lo opuesto al marketing con permiso, ya que el spam envía miles o incluso millones de correos electrónicos no deseados y no solicitados con la esperanza de atrapar a algunas personas inconscientes, vulnerables con mensajes de por qué necesitan lo que el vendedor está vendiendo o vendiendo. Tú estás molesto y probablemente eliminas el spam o mejor aún, lo bloqueas para que que no lleguen en absoluto. Incluso puede reportarlo a las autoridades, ya que en realidad es ilegal, pero puede ser difícil rastrear la fuente.

¿Por qué más empresas e iglesias no emplean el marketing con permiso? Hay muchas razones. Una es que están atrapados en el ritmo de las viejas técnicas de marketing. *Si podemos tener nuestra valla publicitaria por donde hay mucho tráfico, el razonamiento gana, o si podemos hacer mejores anuncios escritos, más creativos, entonces más gente comprará nuestro producto, solicitará nuestros servicios, o vendrá a nuestra iglesia.* Eso pudo haber funcionado hace años cuando había una audiencia masiva y pocas voces, pero en el mundo de hoy, ya no funciona tan bien.

He encontrado otra razón, una razón bíblica, por qué el viejo marketing no funciona y es bastante simple, porque no somos muy buenos oyentes, ya sea en los negocios o en la iglesia, y el marketing con permiso requiere que desarrollemos y despleguemos esa habilidad.

Santiago escribió: *"Mis queridos hermanos, tomen nota de esto: Todos deben ser rápidos para escuchar, lentos para hablar y lentos para enojarse, porque la ira del hombre no produce la vida justa que Dios desea" (Santiago 1:19)*. Ser un oyente pobre es malo para los negocios, ya sea que el negocio sea una iglesia o una empresa. Sin embargo, creemos que si le hablamos a la gente y hacemos que escuchen lo que tenemos que decir, todo saldrá bien y lo lograremos. En realidad, lo correcto es lo contrario: Si aprendemos a escuchar a los demás y luego damos forma a nuestros mensajes, productos, servicios y ministerios de acuerdo con lo que quieren o necesitan, lo lograremos. No pases tiempo tratando de convencer a la gente de que necesitan lo que tienes. Pasa tiempo desarrollando lo que *ellos* necesitan y abrirás un camino hacia su puerta, o iglesia.

Trabajé con una iglesia una vez que compró una campaña publicitaria elaborada y costosa, con spots de televisión, inserciones de boletines y anuncios en periódicos. El programa fue un fracaso colosal y me pidieron que lo mirara y les dijera lo que pensaba que estaban haciendo mal para que la publicidad no funcionara. Después de revisar el programa, no vi que le faltara algo; era llamativo y bien hecho. Entonces pregunté: "¿Han hecho algo a parte de la campaña publicitaria para atraer mas visitantes a la iglesia?" Sin dudarlo, respondieron: "¡Claro! Cada vez que ofrecemos comida, obtenemos una gran respuesta".

Entonces le pregunté: "¿Por qué no siguen ofreciendo comida?" y ellos respondieron: "Porque la gente sólo vendría por la comida". Les pregunté, "Bueno, ¿cuál es la diferencia entre venir por comida o por haber visto un anuncio publicitario?" Además, cuando hicimos las cuentas, descubrimos que alimentar a las personas cada semana durante un año costaría la mitad de lo que la campaña publicitaria les costaba y produciría el doble del resultado deseado, que era la nueva presencia de personas. La iglesia, sin embargo, quería "controlar" el proceso. Querían controlar lo que la gente recibía (publicidad vs comida) y estaban enojados porque la campaña publicitaria no funcionaba mientras la comida lo hacía. Estaban tan ofendidos que se negaron a alimentar a la gente, a pesar de que tenían el dinero, los cocineros y las instalaciones para hacerlo.

Las empresas hacen lo mismo. Quieren decirnos lo que necesitamos y no responder a nuestras necesidades de servicio de atención al cliente o quejas. Luego se vuelven "irascibles" cuando no respondemos a sus interrupciones no solicitadas para esto o aquello, o duplican el envío para encontrar nuevas maneras de hacernos llegar su mensaje no deseado. Alguien dijo una vez que tenemos dos orejas y una boca, así que debemos escuchar el doble de lo que hablamos. ¿Cuál es tu relación? Alguien más dijo que si estás facilitando una reunión y hablando más del 25% del tiempo, no estás facilitando, estás predicando o enseñando. Si diriges reuniones, ¿qué porcentaje se gasta en personas escuchándote en lugar de ser escuchadas?

Estoy convencido de que los principios y las "reglas" detrás del marketing con permiso son fundamentales para el éxito en el siglo XXI, sin importar en qué negocio se encuentran, incluida la iglesia. Como se indica en el último ensayo, el marketing con permiso requiere tiempo y esfuerzo, y no sucede rápidamente. Sin embargo, si escuchas y produces algo extraordinario, la gente querrá escuchar lo que tienes que decir. En medio del abarrotado mundo actual de mensajes contradictorios, tu mensaje vale su peso en oro.

MARKETING CON PERMISO 3

Vamos a resumir lo que hemos aprendido hasta ahora.

La esencia del marketing con permiso es construir una relación con las personas que quieren escuchar lo que tenemos que decir en lugar de interrumpir a las personas con mensajes que no quieren y no están buscando, utilizando varios trucos y técnicas de marketing. Hace poco entré en un lugar deportivo y vi el nombre de una empresa en las manijas del torniquete de la puerta de entrada. Ese es un ejemplo perfecto de marketing sin permiso. La compañía pensó que habían captado mi atención y querían enviar un mensaje. Lo hicieron y el mensaje que escuché fue: "Esto es tonto, y elijo ignorar esta invasión de mi espacio privado y mental". No recuerdo el nombre de la compañía que puso sus anuncios en ese lugar llamativo pero ridículo.

En el último ensayo, mencioné que el marketing con permiso requiere escuchar, mientras que el marketing sin permiso requiere hablar. Este último requiere que la empresa o iglesia inicie y domine la conversación con el público. El marketing con permiso requiere que la organización escuche al público, algo que nosotros como seres humanos (incluso los creyentes) no siempre estamos entrenados o dispuestos a hacer. Escuchar toma tiempo y gira la conversación de la manera que el oyente quiere que vaya. Es por eso que tantos pastores son tan pobres oyentes. Están acostumbrados a hablar y, en consecuencia, realmente no saben escuchar. He visto que esto es verdad en todo el mundo.

A finales de los 80, *The 7 Habits of Highly Effective People* (*Los 7 Hábitos de la Gente Altamente Efectiva*) de Stephen Covey arrasó el mundo. He citado y enseñado sobre su quinto hábito muchas veces: *Busca primero entender, luego ser entendido.* He aprendido que cuando le digo a alguien, "Sé cómo te sientes. Esta es mi experiencia en esa área", en realidad estoy disminuyendo su experiencia y tratando de hacerlos mejor contándoles mi historia. Durante las últimas dos décadas, he trabajado para hacer mejores preguntas, escuchar con más atención, dar retroalimentación con mayor precisión y tratar de no hablar demasiado pronto. Todavía me queda un largo camino por recorrer. Aquí hay un par de mis citas favoritas que me han ayudado en lo que se refiere a escuchar:

> La escucha, junto con períodos regulares de reflexión, son esenciales para el crecimiento del líder siervo... Los líderes-siervos más exitosos son aquellos que se han convertido en hábiles oyentes empáticos.»
> – Robert Greenleaf, *El Poder del Liderazgo de Siervos*

> La mayoría de la gente no escucha con la intención de entender; escuchan con la intención de responder ... La esencia de la escucha empática no es que estés de acuerdo con alguien; es que entiendas completamente, profundamente a esa persona, tanto emocional como intelectualmente. – Stephen R. Covey, *Los 7 Hábitos de las Personas Altamente Efectivas*

He utilizado mi *Memo semanal del Lunes* como ejemplo de marketing con permiso. Lo envío sólo a aquellos que me dan permiso para hacerlo, y la gente puede cancelar fácilmente la suscripción por correo. Puedes estar pensando, "Pero Doctor Stanko, usted escribe sobre lo que quiere cada semana. ¿No está dominando la conversación?" La respuesta es que si, hasta cierto punto, pero no tendría 12.000 suscriptores si no escribiera sobre cosas que fueran útiles para el lector. Si no fuera un buen oyente mientras viajo, enseño y consulto, no podría escribir un *Memo de lunes* efectivo. El *Memo* no se trata de mí; siempre se trata del lector, lectores que me han dado permiso para enviarles mi material porque quieren saber más sobre el propósito.

¿Qué tan buen oyente eres? Si no crees que es importante, recuerda lo que Jesús dijo: «Por lo tanto, considera cuidadosamente cómo escuchas. Quien tenga se le dará más; quien no tenga, aun lo que él cree que tiene será arrebatado de él»

(Lucas 8:18). Si tus habilidades auditivas son buenas, ¿cómo las estás aplicando a tu trabajo, ya sea dentro o fuera de la iglesia? ¿Estás escuchando las necesidades de las personas y trabajando para satisfacer esas necesidades, sin dejar de sumar a la base (ya sea dinero, vidas y comunidades cambiadas, o crecimiento de la iglesia)? Esa, en mi humilde opinión, es la esencia del marketing con permiso: escuchar y servir a las necesidades de los demás.

Eventualmente, la gente plantea una objeción al marketing con permiso porque llama demasiada atención hacia sí mismo, ya sea que el yo sea un individuo o una organización, incluso una iglesia. Se le ha enseñado a los creyentes que no deben llamar la atención sobre sí mismos, porque cuando lo hacen se están glorificando a sí mismos y no al Señor. Abordemos esa mentalidad con respecto a lo que algunos consideran auto promoción en el próximo Apéndice.

APÉNDICE TRES

AUTO PROMOCIÓN

Una de las objeciones comunes que escucho con respecto al uso de las redes sociales es que llaman demasiado la atención a uno mismo. Escuché que es narcisista y ha creado una cultura "selfie" donde la gente siente la necesidad de transmitir imágenes de sí mismos involucrados en diversas actividades o poses. A menudo, la gente cita a Juan el Bautista que dijo: "Debe crecer, pero debo menguar" (Juan 3:30 NKJV) como una justificación para el anonimato en el ministerio y las cosas del Señor. Ese versículo en particular, sin embargo, hablaba a su plataforma pública en ese momento, porque Jesús no podía tomar el centro del escenario mientras Juan captaba la atención del pueblo.

Si acaso, si la Iglesia y sus miembros quieren exaltar a su Señor, entonces debe haber más de ellos para que el mundo pueda obtener más de El. Debe haber una mayor expresión y liberación de los dones en cada individuo, el llamado y la cultura distintivas de cada iglesia, lo que requerirá que cada uno ocupe su lugar y manifieste Su gloria. Echemos un vistazo a una serie que he escrito que habla de la cuestión de la auto promoción, que es una preocupación importante ya que supuestamente llama demasiada atención a la criatura en lugar del Creador.

★★★★★

AUTO PROMOCIÓN 1

Regularmente tengo conversaciones con personas preocupadas de que pueden estar promoviéndose a sí mismas en lugar del Señor escribiendo un libro o saliendo a otra obra de propósito. Están preocupados (sí, preocupados es la palabra correcta) de opacar al Señor, o de alguna manera hacer algo que traiga gloria a sí mismos en lugar de gloria a Dios. Esas son preocupaciones legítimas, pero todas están basadas y arraigadas en el miedo, y sabemos que Dios no nos ha dado un espíritu de miedo. Este es un tema que he meditado durante mucho tiempo, ya que he sido etiquetado como auto promocionador de vez en cuando, así que estoy ansioso por compartir mis pensamientos con ustedes al examinar la necesidad de cambiar la forma en que hacemos la iglesia.

VANIDAD

La principal objeción a la auto promoción se resume mejor en Filipenses 2:3, donde Pablo escribió: "No hagan nada por ambición egoísta o vanidad. Más bien, con humildad valoren a los demás por encima de ustedes mismos". Muchos concluyen que hablar de uno mismo en casi cualquier situación es incorrecto o al menos inapropiado, y la ambición también se considera de mal gusto, o francamente malvada. ¿Son correctas estas interpretaciones? Aquí hay algunos pensamientos que tengo en mi cabeza para esta discusión:

1. Cuando Pablo escribió sus cartas, se identificó claramente como apóstol.
2. David se acercó a Goliat y declaró claramente lo que iba a hacer al gigante y no titubeó
3. Jesús hizo muchas afirmaciones (aunque a veces veladas para ocultarlas de los incrédulos) acerca de quién era y qué había venido a hacer.

Examinemos ese último punto un poco más de cerca.

UNA FIGURA PÚBLICA

La familia de Jesús pensó que era un auto promocionador y que estaba deseoso de ser una figura pública, como aprendemos en Juan 7:3-4:

> Los hermanos de Jesús le dijeron: "Deja Galilea y ve a Judea, para que tus discípulos vean las obras que haces. Nadie que quiera convertirse en una figura pública actúa en secreto. Ya que estás haciendo estas cosas, muéstrate al mundo".

Es reconfortante saber que la familia de Jesús pensaba que era auto promocionador, y hasta cierto punto lo estaba promoviendo, pero sin ser egocéntrico y con un propósito. ¿Es posible que hagamos lo mismo? Si Jesús fue incomprendido al llevar a cabo la voluntad del Padre por Su vida, entonces lo más probable es que también seamos malinterpretados.

¿No fueron los milagros de Jesús un medio por el cual podía reunir a una multitud para anunciar la venida de Su reino? ¿No le dio el Padre un nombre reconocido y lo hizo una celebridad en todo Israel? ¿Reunió Jesús a los discípulos a quienes envió para extender Su obra y anunciar el plan de Dios con mayor intensidad y alcance que Él?

Cuando Pedro y Juan se encontraron con el hombre discapacitado en Hechos 3, le ordenaron que centrara su atención en ellos: "Pedro lo miró directamente, al igual que Juan. Entonces Pedro dijo: '¡Míranos!' Así que el hombre les dio su atención, esperando obtener algo de ellos'" (Hechos 3:5-6). Los apóstoles no insistieron: "No nos miren, miren a Jesús". Llamaron la atención del hombre hacia ellos, y sólo entonces le dieron lo que Dios tenía reservado para él a través de ellos.

No vamos a resolver este tema en este ensayo, pero quería iniciar el diálogo con estos pensamientos. ¿Qué te parece? ¿Está mal promocionarse? ¿Cuándo, si es que alguna vez, es permisible?

¿Prohíbe Filipenses 2:3 cualquier tipo de ambición o marketing? Les dejo que reflexionen sobre estas preguntas hasta el próximo ensayo.

★★★★★

AUTO PROMOCIÓN 2

Estamos viendo la propiedad y la espiritualidad de ser más proactivos a medida que participamos en oportunidades de ministerio y propósito. En lugar de esperar en el Señor, esta filosofía de vida asume que Dios está esperando que decidamos dónde y cómo queremos participar en servirle al Señor y a los demás. La cuestión básica que tenemos ante nosotros es la siguiente: ¿Qué es la auto promoción y cuál es la manera apropiada de participar en ella?

TU LUZ

Mi pensamiento para este ensayo se encuentra en Mateo 5:14-16, donde dice que hagas tus acciones para que otros puedan ver:

> "Tú eres la luz del mundo. Un pueblo construido en una colina no se puede ocultar. La gente tampoco enciende una lámpara y la pone debajo de un tazón. En su lugar lo ponen en su soporte, y da luz a todos en la casa. De la misma manera, deja que tu luz brille ante los demás, para que vean tus buenas acciones y glorifiquen a tu Padre en los cielos."

Más tarde en el mismo sermón, Jesús dio esta advertencia:

> "Tengan cuidado de no practicar su rectitud delante de los demás para ser vistos por ellos. Si lo hacen, no tendrán recompensa de su Padre en los cielos. Así que cuando le den a los necesitados, no lo anuncien con trompetas . . ." (Mateo 6:1-2).

Aquí tenemos una distinción importante. No debemos mostrar nuestras buenas obras, como dar limosna, porque nos glorificamos a nosotros mismos, sino que debemos mostrar nuestras buenas obras que glorificarán a Dios. Puesto que Dios nos ha dado nuestros dones y propósito que nos permitirán hacer sus buenas acciones, concluyo que, en la mayoría de los casos, es permitido hacer saber a la gente lo que estamos haciendo y lo que podemos hacer cuando Dios nos permite y nos faculta para hacerlo.

SERVICIO

Además, si Dios te ha dado dones y un propósito y esos deben ser utilizados para ayudar a los demás, entonces ¿no es para que la gente sepa lo que puedes hacer para servirles de acuerdo con dejar que tu luz brille, como leemos arriba? Primero Pedro 4:10 dice: "Cada uno de ustedes debe usar cualquier don que haya recibido para servir a los demás, como fieles mayordomos de la gracia de Dios en sus diversas formas". Puedo organizarme y hacerlo bastante bien ya que Dios me ayuda a hacerlo. ¿Alguna vez se me permite decir: "Tengo un don de organización que está bien desarrollado; ¿cómo puedo ayudarle?" Parece añadir la idea de que mis buenas acciones son servir a los demás, así como glorificar a Dios hace que la auto promoción sea más aceptable y apetecible que cuando es simplemente mostrar lo que puedo hacer.

¿Esto se aplica a las iglesias y no sólo a los individuos? Creo que sí. La Iglesia es una ciudad situada en una colina. Jesús dijo que nadie enciende una vela y luego la pone debajo de un arbusto. Si una Iglesia tiene un ministerio eficaz para los niños, ¿debería informar a los padres? ¿No debería esa iglesia esforzarse por llegar y ministrar a tantos niños como sea posible? ¿No debería esa iglesia estar dispuesta a capacitar a otras iglesias y a sus trabajadores, compartiendo lo que Dios ha mostrado a la iglesia acerca de los niños? ¿Podría incluir seminarios, libros, videos de capacitación y otros recursos de equipamiento? ¿Sería permitido para esa iglesia comprar publicidad en un medio apropiado para anunciar y promover el trabajo de sus hijos para que otros sepan lo que tienen? Por supuesto, mi respuesta a todas esas preguntas es sí y amén.

Cuando vuelo por la noche clara y sin nubes, puedo ver todas las ciudades debajo del avión. ¿Se auto promociona? No, sólo están haciendo lo que las ciudades hacen por la noche y ese es el camino para que sus habitantes conduzcan, vivan y trabajen. No construyen un gran dosel para ocultar su luz porque no quieren atraer la atención hacia sí mismos. Es cierto que sería extraño que esas mismas ciudades hicieran algo para enviarme un mensaje en el avión, eso sí sería auto promoción. De lo contrario, su luz es simplemente una parte de su existencia.

Lo mismo va para las iglesias y los miembros. La luz que producen no puede evitar ser notada y debe utilizarse para atraer a la gente a la luz no sólo del Evangelio, sino de la vida del Espíritu que está presente corporativa e individualmente. Pasemos al siguiente ensayo para continuar mi exposición sobre la promoción bondadosa de lo que Él está haciendo entre nosotros.

★★★★★

AUTO PROMOCIÓN 3

Dios te ha asignado un propósito, te ha hecho creativo y te ha dado dones para que puedas hacer Su obra en la creación de acuerdo con tu don y el tamaño de tu fe. Hace poco hice un viaje a Kenia y me llevé a 20 personas conmigo. Soy bien conocido en Kenia, donde la gente generalmente me asocia con el mensaje de propósito. Kenia representa un lugar que Dios me asignó para trabajar de acuerdo con los dones y el propósito que me dio.

He estado en numerosos programas locales de radio y televisión en Kenia y he hablado en muchas iglesias. Dios abrió una puerta para la obra efectiva del ministerio allí, y no he retrocedido ni dudado en decir que Dios me envió allí. Me puso en el juego allí, por así decirlo, y quiero jugar a toda la estatura de mis habilidades y dones. Como me presento en Kenia, en realidad estoy magnificando al Señor, que es el concepto que quiero discutir en este ensayo.

MAGNIFICAR AL SEÑOR

En el Antiguo Testamento, se nos dice que magnifiquemos al Señor. Lo hemos interpretado como que simplemente es una cuestión de alabanza y adoración cuando exaltamos y describimos los atributos de Dios en términos claros y tal vez exuberantes, generalmente con música que lo acompaña. Sin embargo, piensa en esa palabra magnificar. ¿No significa también tomar una cosa pequeña y hacerla más grande, por lo que es más fácil de ver y examinar? ¿Podría significar que debemos tomar la cosa más pequeña que Dios ha hecho a través y en nosotros y hacer que sea más grande para que todos la vean, no con la intención de atraer la atención por nosotros mismos, sino más bien atraer la atención para que la gente pueda verlo a Él a través de nosotros?

Solía ver eso hecho en los entornos de la iglesia cuando la gente da testimonios. Esa es otra buena razón para usar las redes sociales, porque allí podemos proclamar Sus alabanzas a través de nuestros testimonios para cualquiera que esté interesado en ver y aprender (eso me suena a llamar la atención sobre uno mismo de una buena manera).

¿La auto promoción, hecha con la intención correcta, es realmente diferente de dar un testimonio? Cuando Dios hace algo por ustedes —te proporciona, sana, libera, te revela o te utiliza— ¿está mal ponerse de pie y decir lo que ha hecho— o lo que hiciste por medio de Su inspiración y gracia? Si Dios te ha dado un don o un propósito, ¿es diferente transmitir la verdad de lo que Dios ha hecho o puede hacer en y a través de ti? Y cuando lo hacen, ¿no es lo mismo que magnificar al

Señor: tomar Su obra en ti y 'elevarla' para que todo el mundo la vea?

INTENCIÓN

La auto promoción puede provenir de dos fuentes: el deseo de promovernos a nosotros mismos o el deseo de promover la obra de Dios a través de nosotros al servir a los demás. Considera lo que Pablo dijo en Romanos 11:13-14: "Porque os hablo a ustedes los gentiles; en la medida en que soy apóstol de los gentiles, magnifica mi ministerio, si de alguna manera puedo provocar celos a los que son mi carne y salvar algunos de ellos" (NKJV).

Pablo magnificó su oficio (otras traducciones dicen "orgulloso de, hacer todo lo que pueda, o glorificar mi ministerio") para que pudiera llegar a más personas con el Evangelio. Pablo promovió lo que hizo porque Dios lo nombró, y eso hizo que su obra fuera vital. No estaba preocupado por lo que otros pensaran, sólo lo que Dios pensaba. Estaba diciendo la verdad sobre sí mismo con los motivos correctos, y por lo tanto se magnificó a sí mismo para que finalmente pudiera magnificar al Señor.

Tu trabajo no es solo magnificar al Señor comportándote bien y no robando bancos o viendo películas malas. Incluso los paganos pueden hacer esas cosas. Lo que ellos no pueden hacer (pero tú puedes) es manifestar el amor de Dios por Su creación a través de ti, específicamente a través de tu propósito, dones y metas. Tal vez sea hora de que te des cuenta de que tu disgusto por lo que llamas auto promoción es realmente un medio para protegerte de la crítica o de ser malinterpretado. También puede ser un intento de proteger tu privacidad, porque una vez que Dios te pone en la "calle delantera", pierdes el control de tu vida.

Si Dios quiere poner tu cara en una cartelera, no es asunto tuyo. Jesús y Pablo se 'promovieron' y la gente los criticó; ¿puedes tú esperar un trato diferente? Necesitaremos un ensayo más para examinar este tema y luego pasar a otros temas de este Apéndice.

★★★★★

AUTO PROMOCIÓN 4

En este ensayo, terminaremos nuestra discusión sobre la auto promoción, tratando de definir lo que es y cuando es apropiado hacerla.

DOS PENSAMIENTOS

Los dos pensamientos son realmente dos pasajes que quiero que miremos. La primera es algo que Jesús dijo, que hemos visto en otros lugares de este libro:

> "Tú eres la luz del mundo. Un pueblo construido en una colina no se puede ocultar. La gente tampoco enciende una lámpara y la pone debajo de un tazón. En su lugar lo ponen en su soporte, y da luz a todos en la casa. De la misma manera, deja que tu luz brille ante los demás, para que vean tus buenas acciones y glorifiquen a tu Padre en los cielos" (Mateo 5:14-16).

Jesús parecía no tener ningún problema con que la gente dejara brillar su luz para la gloria de Dios. Ese es el desafío, ya que te puedes estar preguntando "¿Cómo sé si estoy glorificando a Dios? ¿Y si me estoy glorificando a mí mismo?" Para esa respuesta, vayamos a algo que Pablo escribió al reflexionar sobre las personas que se auto promocionaban en la obra del Evangelio:

> Es cierto que algunos predican a Cristo por envidia y rivalidad, pero otros por buena voluntad. Estos últimos lo hacen por amor, sabiendo que estoy aquí para la defensa del Evangelio. Los primeros predican a Cristo por ambición egoísta, no sinceramente, con

la intención de que las cadenas me sean aún más dolorosas. Pero, ¿qué importa? Lo importante es que en todos los sentidos, ya sea por motivos falsos o verdaderos, se predica a Cristo. Y a causa de esto me regocijo (Filipenses 1:15-18a, cursiva agregada).

Parece que a Pablo no le importaban los motivos, sólo que se estaba haciendo la obra de predicar el Evangelio. Pablo estaba mirando el resultado final o los resultados, y no iba a abordar los motivos de alguien, obstaculizando así el buen trabajo que estaban haciendo aunque con la motivación equivocada. Otros estaban siendo ayudados y parece que Dios estaba usando los motivos menos que perfectos del trabajador para obtener resultados del Reino en la vida de otras personas. Si eso fuera lo suficientemente bueno para Pablo, debería ser lo suficientemente bueno para nosotros.

LA GENTE NECESITA SABER

Usted debe auto promocionarse no para su beneficio, sino para el beneficio de aquellos que están buscando (o que necesitan) quiénes son, lo que tienen y lo que Dios les ha empoderado para hacer. Si puedes orar y la gente es sanada, entonces la gente sanada necesita saber que el Señor te dio el don de sanar. Si puedes escribir, haz que otros sepan que puedes, ya que alguien que lea tu libro o artículo puede ser ayudado y transformado a través de tu historia o ideas.

Si han muerto en Cristo y le pertenecen, entonces su don, propósito y papel en la sociedad no son su elección. Si Dios quiere darte un nombre reconocido, no es asunto tuyo. Hay algunos miembros del cuerpo que son creados para estar detrás de la escena, pero hay algunos que están hechos para ser figuras públicas.

Por el contrario, esas partes del cuerpo que parecen ser más débiles son indispensables, y las partes que creemos que son menos honorables que tratamos con especial honor. Y las partes que son impresentables son tratadas con especial modestia, mientras que nuestras partes presentables no necesitan ningún tratamiento especial. Pero Dios ha juntado el cuerpo, dando mayor honor a las partes que le faltaban, para que no haya división en el cuerpo, sino que sus partes deben tener la misma preocupación el uno por el otro (1 Corintios 12:22-25).

Si eres privado o público no hace ninguna diferencia; tu vida no es tuya. Pertenece a Dios y, por lo tanto, a los demás. De hecho, yo diría que Dios hizo que algunos estuvieran frente a una audiencia, mientras que otros estaban detrás de la escena.

Superemos cualquier falsa humildad que diga: "Si Dios o alguien me necesita, pueden venir a buscarme. No voy a ayudarlos auto promocionandome, porque eso no es espiritual ni apropiado". Digo, "Supera eso" y ayudemos a todos aquellos que necesitan saber y ver quiénes somos y qué hacemos para encontrarnos más fácilmente y hacerlo sin la culpa o el sentimiento de "auto promoción" que puede ir con ese proceso.

Es hora de ponerse de pie y decir, "Esto es lo que soy", ya sea como individuos o como iglesia. ¿Te unirás a mí en este pensamiento, o seguirás ocultando tu luz bajo un arbusto, sólo entonces para quejarte de que nadie te toma en serio o de que la obra de Dios no está progresando? Si decides unirte a mí, te prometo que encontrarás un nuevo sentido de alegría y significado a medida que cambies tus entradas de temporada por un lugar en el campo de juego.

APÉNDICE CUATRO

DEVOCIONALES

He producido devocionales diarios de seis años que publiqué por primera vez en línea y luego me convertí en libros. Aquí hay tres de los miles que escribí que hablan de la cuestión abordada en la Sección Tres de este libro, que es un mayor uso de la tecnología y las redes sociales para la obra de la Iglesia. Los incluyo para mostrar algunos ejemplos bíblicos adicionales de lo que creo que son casos en los que la iglesia primitiva y sus escritores involucraron la tecnología de su día para el ministerio, y por qué creo que harían lo mismo hoy.

★★★★★

Estos devocionales son de mi libro *The Leadership Walk: Devotions for Leaders of Today and Tomorrow* (*La Caminata del liderazgo: Devocionales para los líderes de hoy y de mañana*). Con cada publicación diaria, sugerí un paso de liderazgo que los lectores podrían tomar como parte de su viaje de liderazgo.

★★★★★

1. **After this letter has been read to you, see that it is also read in the church of the Laodiceans and that you in turn read the letter from Laodicea - Colossians 4:16.**

Pablo utilizó la tecnología de su época —cartas y el sistema romano de carreteras y barcos— para comunicarse con sus seguidores e informarles de sus últimos planes e ideas. Cuando envió esta carta en particular a los colosenses, se aseguró de que la circularían entre las otras iglesias locales. El punto es que los líderes deben utilizar todo lo que sea posible para difundir la "palabra" a aquellos que necesitan oír o pueden beneficiarse de ella. Si Pablo estuviera vivo hoy, sin duda utilizaría todos los canales de redes sociales para difundir su mensaje. Los líderes modernos deben hacer lo mismo.

PASO DE LIDERAZGO: ¿Estás al tanto de los medios disponibles para comunicarte con aquellos que necesitan o quieren saber de ti? Deja de hablar de ponerte al día con la tecnología y hazlo. Busca a alguien que te ayude y, a continuación, saca tiempo para obtener información y regístrate en Twitter, Instagram, LinkedIn o cualquier otro medio que puedas usar. Si ya tienes una cuenta en esas redes sociales, entonces pasa tu tiempo haciendo estrategias de cómo las usarás de manera más efectiva.

★★★★★

2. En el primer año de Ciro rey de Persia, para cumplir la palabra del Señor hablada por Jeremías, el Señor movió el corazón de Ciro rey de Persia para hacer una proclamación en todo su reino y también para ponerla por escrito: "Esto es lo que ciro rey de Persia dice: 'El Señor, el Dios de los cielos, me ha dado todos los reinos de la tierra y me ha designado para edificar un templo para él en Jerusalén en Judá'" - Esdras 1:1-3.

Ciro era el rey de un reino en expansión cuando el Señor se movió en su corazón para reconstruir el sitio del Templo. Lo primero que hizo Ciro fue comunicar sus planes en todo su reino. ¿Cómo hizo eso? Primero escribió sus planes y luego utilizó las redes sociales y la tecnología de su época para difundir la información a tantas personas como fuera posible. Los líderes deben comprometerse a difundir sus mensajes de la forma más amplia posible de forma regular, lo que significa que deben ser buenos escritores que aprecien y utilicen los medios de comunicación disponibles para ellos. Eso también significa que los líderes deben trabajar para mantenerse relevantes no sólo en lo que comunican, sino también en la forma en que lo comunican.

PASO DE LIDERAZGO: Tu paso hoy es llevar a cabo una auditoría de comunicaciones personales. ¿Cuánto tiempo dedicas a comunicar lo que es más importante para ti, junto con tus ideas? ¿Cómo te comunicas? ¿Utilizas las redes sociales más recientes? ¿Eres un buen escritor y orador o estás trabajando para mejorar? ¿Permites que algún sesgo personal desacredite la tecnología moderna y su uso? ¿Diría la gente que eres un comunicador eficaz?

★★★★★

3. "Tengo mucho que escribirte, pero no quiero usar papel y tinta. En cambio, espero visitarlos y hablar con ustedes cara a cara, para que nuestra alegría sea completa" - 2 Juan 1:12.

Los apóstoles no dudaron en utilizar la tecnología de su época —el sistema de carreteras romano, las vías fluviales, la tinta y los pergaminos— para comunicar su enseñanza y asesoramiento pastoral a su rebaño en todo el mundo. Sin embargo, en este versículo, Juan prefirió comunicarse a través de encuentros cara a cara en lugar de la palabra escrita. Los líderes no sólo deben comprometerse a comunicarse, deben estar dispuestos a usar y ser competentes con las tecnologías modernas. Sin embargo, todavía hay un gran valor en las reuniones presenciales, y los líderes no deben confiar demasiado en la tecnología y eliminar el toque personal que les permite leer el lenguaje corporal, el tono de voz y otras pistas físicas y señales de aquellos con quienes se están comunicando.

PASO DE LIDERAZGO: Tu paso hoy es evaluar tu uso de la tecnología en tu estrategia de comunicación. ¿Estás seguro de tu competencia o te enorgulleces de tu negativa a usarla? Si tú eres competente, ¿la estás utilizando en exceso en la medida en que descuidas o evitas el contacto personal y las reuniones cara a cara? ¿Tienes una estrategia de comunicación, sabiendo lo que quieres compartir con los seguidores, junto con cómo y cuándo la compartirás?

APÉNDICE CINCO

LA MEDICIÓN DEL DISCIPULADO

Como se indica en el capítulo ocho, se espera que los creyentes y las iglesias den fruto, sin embargo ese fruto está definido. Soy un defensor del uso de algún tipo de herramienta de medición o evaluación como un medio para el crecimiento espiritual corporativo o individual. Esto significa que deben decidir lo que es verdaderamente importante —cuál debe ser su fruto— y luego crear alguna manera de medir el fruto de sus esfuerzos de discipulado, tanto individualmente como como iglesia.

Algunas personas se resisten a cualquier herramienta que intente medir el crecimiento espiritual como algo ajeno a la iglesia y a las cosas espirituales, definiéndolas como "sabiduría mundana". Después de todo, se preguntan, ¿cómo se pueden medir con precisión los asuntos espirituales y no se pueden utilizar los resultados para fomentar una falsa sensación de confianza espiritual? Sus preguntas son legítimas y sus preocupaciones bien fundadas, ya que cualquier enfoque en medir el crecimiento puede perjudicar realmente la medición en sí. Esto se demuestra en la parábola del fariseo y el recaudador de impuestos:

> A algunos que confiaban en su propia rectitud y despreciaban a todos los demás, Jesús les dijo esta

parábola: "Dos hombres subieron al templo para orar, uno un fariseo y el otro un recaudador de impuestos. El fariseo se puso de pie y oró sobre sí mismo: 'Dios, te agradezco que no soy como otros hombres —ladrones, malhechores, adúlteros— o incluso como este recaudador de impuestos. Ayuno dos veces por semana y doy una décima parte de todo lo que consigo. "Pero el recaudador de impuestos estaba a una distancia. Ni siquiera miraba al cielo, sino que le pegaba el pecho y decía: 'Dios, ten piedad de mí, pecador'. "Les digo que este hombre, en lugar del otro, se fue a casa justificado ante Dios. Porque todo aquel que se exalte a sí mismo será humillado, y el que se humille a sí mismo será exaltado" (Lucas 18:10-14).

Este fariseo tomó la evidencia o el fruto de una vida vivida por Dios e hizo un argumento para su propia justicia. Estaba orgulloso y se perdió el tema más importante de la humildad. La ceguera y la incapacidad del fariseo para obtener la perspectiva de Dios en contraposición a la suya fue su perdición. Esa es la clave para cualquier herramienta de evaluación o medición para el discipulado. En las manos de Dios, puede ser valioso. En las manos de alguien que trata de justificarse a sí mismo o de alguien que no está interesado en el progreso espiritual, puede proporcionar una falsa sensación de seguridad, opacando los sentidos y la sensibilidad espiritual al Espíritu de Dios. Sin embargo, este escollo no tiene por qué impedir que los líderes elijan y luego utilicen y apliquen herramientas de manera adecuada y espiritual para ayudar al pueblo de Dios a producir lo que es aceptable y agradable para él, tanto interna como externamente.

Cuando usamos evaluaciones y mediciones e involucramos a Dios en el proceso de interpretación, esas herramientas pueden ser de gran beneficio tanto para las personas como para las iglesias. Los líderes no tienen por qué preocuparse de si Dios usará o no estas herramientas. Después de todo, vemos a Dios ofreciendo una evaluación de las iglesias en los primeros cuatro capítulos del Apocalipsis. Estaba listo y podía comunicar lo que pensaba de esas iglesias y sus líderes.

¿Puede hacer eso otra vez? Por supuesto que puede. Además, si los líderes buscan al Señor y comprenden Su evaluación de su obra y condición, comunicarán lo que hayan aprendido a Su pueblo y luego podrán aplicar soluciones impulsadas por el Espíritu. Por último, a medida que los creyentes adquieren una comprensión de la perspectiva de Dios de su propia vida y progreso espiritual, los líderes pueden ayudarlos prescribiendo programas e iniciativas beneficiosas que unirán a las personas en su caminar individual con el Señor, permitiéndoles progresar en santidad y fructificación.

Así como evaluó la condición de las iglesias en los primeros capítulos de Apocalipsis, vemos al Señor listo, dispuesto y capaz de hablar en la vida de una persona y proporcionar el mismo tipo de evaluación sobre una base más íntima:

> Ahora un hombre se acercó a Jesús y le preguntó: "Maestro, ¿qué bien debo hacer para obtener la vida eterna?" "¿Por qué me preguntas sobre lo que es bueno?" Jesús respondió. "Sólo hay uno que es bueno. Si quieres obtener la vida eterna, obedece los mandamientos". "¿Cuáles?", Preguntó el hombre. Jesús respondió: "No asesines, no cometas adulterio, no robes, no hables falso testimonio, honra a tu padre y a tu madre' y 'ama a tu prójimo como a ti mismo'". —Todo esto lo he guardado —dijo el joven—. "¿Qué me falta todavía?" Jesús respondió: "Si quieres ser perfecto, ve, vende tus posesiones y da a los pobres, y tendrás tesoro en el cielo. Entonces ven, sígueme." Cuando el joven oyó esto, se fue triste, porque tenía grandes riquezas (Mateo 19:16-22).

Este hombre vino a Jesús para una evaluación espiritual de cómo estaba, y Jesús lo atendió. Esto indica que Jesús está dispuesto a ofrecer tales evaluaciones si estamos dispuestos con humildad a recibir los resultados. No debemos entrar en el proceso con nociones preconcebidas, sino abrirnos, tanto individual como corporativamente, a ideas y resultados inesperados que pueden ser positivos o negativos cuando el Señor nos pregunte: "¿Cómo estoy?" o "¿Cómo lo estamos haciendo?".

Una vez hecho eso, los líderes deben ayudar a los seguidores a entender las implicaciones de la retroalimentación de Dios para su organización, tanto los ministerios de la iglesia como los sin fines de lucro, y ayudar a las personas a medida que aplican los resultados al entorno de la iglesia corporativa. En otras palabras, si la asistencia de una iglesia se está reduciendo, los líderes no deben girar los resultados, explicándolos para defender su liderazgo. Deben explicar claramente el problema y establecer un plan para abordarlo. Cuando los líderes hacen esto, la gente estará en la misma página, y todo lo que se hace puede centrarse en la expectativa común.

En su libro *Technopoly (Tecnopolio)*: The Surrender of Culture to Technology (La rendición de la cultura a la tecnología), Neil Postman planteó preocupaciones válidas que deben ser consideradas cada vez que nos embarcamos en el proceso de evaluación. Hay limitaciones definitivas y un sinfín de oportunidades que afectan las respuestas que recibimos por las preguntas que hacemos y cómo se dicen. La principal preocupación de Postman es nuestra incapacidad para ser completamente objetivos en nuestra medición de cualquier cosa. La forma en que una pregunta es hecha o presentada puede hacer un mundo de diferencia en la forma en que las personas responden:

> Una pregunta, incluso del tipo más simple, no es y nunca puede ser imparcial... Mi propósito es decir que la estructura de cualquier pregunta está tan

desprovista de neutralidad como lo es su contenido. La forma de una pregunta puede facilitar nuestro camino o plantear obstáculos. O, incluso cuando está ligeramente alterada, puede generar respuestas antitéticas, como en el caso de los dos sacerdotes que, sin estar seguros de si era permitido fumar y orar al mismo tiempo, escribieron al Papa para una respuesta definitiva. Un sacerdote expresó la pregunta: "¿Es permitido fumar mientras oro?" y se le dijo que no lo era, ya que la oración debe ser el centro de toda la atención; el otro sacerdote preguntó si era permitido orar mientras fumaba y se le dijo que sí, ya que siempre es apropiado orar. La forma de una pregunta puede incluso impedirnos ver soluciones a problemas que se hacen visibles a través de una pregunta diferente.[1]

El punto de Postman está bien tomado y describe claramente la desventaja del proceso de evaluación. Sin embargo, hay una ventaja que lo supera con creces. Confío en que se puedan hacer suficientes preguntas buenas de las Escrituras para ayudarnos en el proceso de evaluación si entendemos las limitaciones de lo que estamos haciendo. Como Postman advierte:

> En un Tecnopolio, tendemos a creer que sólo a través de la autonomía de las técnicas (y maquinaria) podemos alcanzar nuestros objetivos... Somos criaturas técnicas, y a través de nuestra predilección y nuestra capacidad para crear técnicas logramos altos niveles de claridad y eficiencia... El argumento es con el triunfo de la técnica, con técnicas que se santifican y descartan las posibilidades de otros... Cuando un método de hacer las cosas se asocia tan profundamente con una institución que ya no sabemos cuál vino primero —el método o la institución— entonces es

difícil cambiar la institución o incluso imaginar métodos alternativos para lograr sus propósitos. Y por lo tanto es necesario entender de dónde vienen las técnicas y para qué sirven; debemos ser restaurados a nuestra soberanía.[2]

Si somos conscientes de las limitaciones de una evaluación y abiertos a cómo Dios puede usarla, nosotros, de todas las personas, debemos ser capaces de mantenerlas en la perspectiva adecuada. El debilitado estado de la Iglesia justifica utilizar casi cualquier herramienta que el liderazgo considere digno de ayudar al cuerpo de Cristo a cumplir con la Gran Comisión y ser agradable a Dios en nuestra vida corporativa e individual. La retribución será grande para aquellos que trabajan para hacer de sus herramientas de evaluación una experiencia espiritual y no carnal o mundana.

Jim Collins dedicó un punto en su monografía *Good to Great and the Social Sectors* (De Bueno a grande y los sectores sociales), con la que estoy totalmente de acuerdo (he añadido el énfasis en negrita):

Realmente no importa si puedes cuantificar tus resultados. Lo que importa es que reúnas rigurosamente evidencia (cuantitativa o cualitativa) para realizar un seguimiento de tu progreso. Si la evidencia es principalmente cualitativa, piensa como un abogado de juicio reuniendo las pruebas. Si la evidencia es principalmente cuantitativa, entonces piensa en tí mismo como un científico de laboratorio ensamblando y evaluando los datos. **Levantar las manos y decir: "Pero no podemos medir el rendimiento en los sectores sociales de la misma manera que se puede medir en un negocio" es simplemente falta de disciplina**. Todos los indicadores son defectuosos, ya sean cualitativos o cuantitativos. Las puntuaciones de las pruebas son erróneas, las mamografías son erróneas, los datos del crimen son defectuosos, los datos de servicio al cliente son defectuosos, los datos de resultados del paciente son defectuosos. **Lo importante no es encontrar el indicador perfecto, sino establecer en un método consistente e inteligente** de evaluar los resultados, y luego realizar un seguimiento riguroso. ¿A qué te refieres con gran rendimiento? ¿Ha establecido una línea de base? ¿Estás mejorando? Si no, ¿por qué no? ¿Cómo puedes mejorar aún más rápido hacia tus metas? [3]

¿Estás listo para tratar de medir tu efectividad personal o la de tu iglesia? ¿Tienes el valor de medir lo que es casi imposible de medir? ¿Tendrás el valor de afrontar los resultados, sean buenos o no? ¿Puedes tolerar que otros tengan información sobre el trabajo que estás haciendo o no estás haciendo? Si es así, ve al siguiente artículo de este Apéndice para leer acerca de dos instrumentos de medición y cómo pueden ayudarte a ti o a tu iglesia.

APÉNDICE SEIS

ALGUNAS HERRAMIENTAS DE EVALUACIÓN

En preparación para un proyecto escolar en mi programa de Doctor en Ministerio, llevé a cabo una extensa investigación para identificar y comprender algunas de las herramientas de evaluación disponibles hoy en día, tanto para individuos como para iglesias. También asistí a una conferencia en Florida centrada en las herramientas de evaluación de ChurchSmart (Iglesia Inteligente), una editorial cristiana que produce material exclusivo de recursos de evaluación. Finalmente, completé varias de las evaluaciones para evaluar resultados y determinar cómo podría beneficiarme de ellas como un medio para evaluar y mejorar mi propio desarrollo espiritual.

Encontré que todas las herramientas que examiné podrían ser útiles de alguna manera si el liderazgo está dispuesto a guiar a las personas en la forma en que deben ser utilizadas y aplicadas. También encontré la confianza de que los creyentes espiritualmente maduros se beneficiarían en gran medida del uso de herramientas apropiadas para ayudar a evaluar su condición actual y trazar el camino a seguir para continuar su desarrollo personal. Me centraré en algunas herramientas en este punto, para ayudar al lector a entender cómo se pueden utilizar y aplicar estas herramientas. [4]

1. TRES COLORES

Primero, examinemos los resultados de mi evaluación del libro de Christian Schwarz, Los tres colores del ministerio.[5] En ese libro, Schwarz ha desarrollado un cuestionario de dones espirituales que no sólo enumera los dones individuales, sino que también los divide en tres categorías: azul para dones de aplicación como la fe, la oración y las ayudas; rojo para dones de compromiso como dar y hospitalidad; y verde para los dones de sabiduría, como la enseñanza y administración. Cuando tomé el cuestionario de dones, pude ver que eran los mismos que habían resaltado en cuestionarios realizados anteriormente. Con esta herramienta, sin embargo, me di cuenta de que todos mis dones estaban en las categorías roja y verde con ninguno en la categoría azul.

Un aspecto único de este cuestionario es la creencia de Schwarz de que puede ayudar al creyente a identificar lo que él llama "dones latentes". Mis dones latentes fueron identificados como pastoreo, profecía, sabiduría, conocimiento, fe y ayuda. Mis dones latentes fueron obtenidos de perfiles hechos por dos personas que me han observado en situaciones de ministerio.

Esto era justo lo que necesitaba ver y oír en ese momento de mi vida. Justo antes de eso acepté un puesto de personal en una iglesia local, lo que implicó la reducción de mis viajes durante la duración del trabajo. Estos dones latentes ciertamente fueron activados, con la ayuda del Espíritu, en un entorno de la iglesia local. Busqué la dirección del Señor en cuanto a cómo podía comenzar a desarrollar y expresar esos dones latentes. Hoy, durante la pandemia de 2020, he encontrado mi máxima y mejor expresión de esos dones a través de las redes sociales.

2. EL PERFIL DE VIDA

Luego tomé otra herramienta de evaluación llamada *La*

Herramienta de Evaluación del Perfil de Vida Cristiana: Descubrir la calidad de sus relaciones con Dios y otros en 30 áreas claves. Esta herramienta tiene un cuestionario de autoevaluación junto con evaluaciones que deben completar y devolver otras tres personas.[6] Cuando compilé y estudié con oración los resultados, esta evaluación me dio otra visión de mi actual caminar con el Señor como uno de Sus líderes. Lo que surgió fue mi tiempo de "donar", fe y dinero aunque estaban todos bajos. Esto fue toda una sorpresa para mí, ya que asumí que estas áreas eran fortalezas, y tal vez una vez lo fueron. Definitivamente se habían erosionado con el tiempo, e hice de este descubrimiento una cuestión de oración y discusión con mi esposa.

Un acto tangible que resultó de este segundo perfil fue el establecimiento de lo que yo llamo Los Fondos de Sofía, que comencé en Kenia, en el este de Africa. *Los Fondos* han servido para alimentar a huérfanos y viudas del SIDA a través de la Red SARAH de organizaciones de base que trabajan con los pobres. Di la donación inicial de quinientos dólares para que este fondo comenzara y utilicé mi sitio web y otras oportunidades del ministerio para recaudar dinero para ello de manera continua. Desde 2009, he recaudado cientos de miles de dólares, todos los cuales se distribuyeron directamente a nuestros socios kenianos. He recaudado dinero a lo largo de la pandemia para nuestros huérfanos kenianos a través de las redes sociales. Hablando de redes sociales, he encontrado que ahora dono mi tiempo y mi dinero en la fe a través de la tecnología.

No creo que hubiera empezado o incluso orado sobre una empresa como Los Fondos de Sofía si no hubiera tomado en serio los resultados de esta segunda evaluación. Esta conciencia también cambió la forma en que escucho y respondo al liderazgo cuando hablan en la Iglesia acerca de donar lo que tengo en mi poder para dar.

La clave de ambas evaluaciones de perfil es que me acerqué a ellas por temor al Señor, no buscando justificarme o utilizar mis condiciones actuales como excusa para la falta de fruto, sino más bien obtener la perspectiva de Dios sobre mi caminar y mi relación con él para poder crecer y dar más frutos. Esto a su vez sólo puede hacerme un mejor miembro de mi iglesia, porque no estaré ocupado juzgando la obra de los líderes, sino buscando cómo puedo fluir con el Espíritu en mi iglesia local mientras camino en la voluntad de Dios para mi vida.

3. PERFIL DE LA IGLESIA

Desde 1998, he sido certificado para administrar un cuestionario para la iglesia llamado *Desarrollo Natural de la Iglesia (DNI)* que fue desarrollado por el mencionado Christian Schwarz. Schwarz cree que ha identificado ocho áreas claves esenciales para la salud y el crecimiento de la iglesia y ha encontrado una manera de medir el nivel y el progreso de esas ocho áreas en una iglesia, independientemente de la teología, el modo de culto o la afiliación confesional.[7] Las ocho áreas claves son: *empoderar al liderazgo, el ministerio orientado a los dones, la espiritualidad apasionada, las estructuras efectivas, el evangelismo orientado a las necesidades, las relaciones amorosas, el servicio de adoración inspiradora y pequeños grupos holísticos.*

En los últimos veinte años, más de treinta mil iglesias en los Estados Unidos, y muchas más en todo el mundo, han realizado el cuestionario DNI.[8] Según las estadísticas, el ochenta y cinco por ciento de las iglesias que tomaron el cuestionario no estaban creciendo numérica o espiritualmente en una o más de las ocho áreas. Esto afectó en particular el crecimiento de la iglesia numéricamente hablando.

Me doy cuenta de que no hemos abordado la cuestión del seguimiento de los números de asistencia para los servicios de la iglesia (una práctica a la que muchos se oponen) como una manera de medir el fruto y el bienestar de la iglesia. Aunque entiendo su preocupación, no la comparto. Cuando era pastor ejecutivo, nunca me fui el domingo hasta que tuve las cifras de asistencia para los tres servicios, junto con las mismas cifras para el mismo domingo de los dos años anteriores. Quería saber si hubo algún cambio significativo y luego tratar de averiguar por qué. Si no estábamos aumentando y creciendo, entonces, ¿cómo podríamos justificar eso a la luz de los versículos que dicen: "Esto es bueno, y complace a Dios nuestro Salvador, que desea que todos los hombres sean salvos y lleguen a un conocimiento de la verdad" (1 Timoteo 2:3-4)?

Si no estábamos viendo a la gente llegar a conocer al Señor o si nuestra asistencia estaba constantemente por debajo de donde había estado en el pasado, tenía que ir al liderazgo y plantear la pregunta: "¿Por qué?" No pretendía tener las respuestas, pero sabía que tenía que plantear la pregunta y al menos tratar de determinar lo que el Señor nos estaba diciendo. Permítanme decir que no creo que las cifras de asistencia sean la indicación de si una iglesia está sana o no. Sin embargo, las cifras de asistencia nos dicen algo; debemos determinar, con la ayuda del Espíritu, lo que revelan.

Como se informó anteriormente, de las treinta mil iglesias que habían realizado un cuestionario de DNI, el 85% mostraba falta de crecimiento espiritual o numéricamente en una o más de ocho áreas. El cincuenta y cuatro por ciento de las personas abordó la falta revelada por el primer perfil y se sometió a un segundo perfil de seguimiento dentro de los doce meses siguientes al primero. El segundo perfil mostró que el 46%, o 13.770 iglesias de la base de treinta mil habían mejorado en la zona con la puntuación más baja y también habían crecido numéricamente desde el primer perfil. Incluso si una iglesia está creciendo numéricamente, debe determinar si este aumento es de nuevos creyentes, de personas que se fueron y han regresado a la iglesia, o de aquellos que simplemente se han transferido de otra iglesia.

Toda la filosofía del cuestionario de DNI es poder ayudar a mejorar la comunicación del liderazgo en cualquier congregación. Después de desarrollar el cuestionario, la estrategia consiste en identificar una de las ocho características con la puntuación más baja, denominada factor mínimo. Luego el liderazgo desarrolla una estrategia para mejorar en esa área y solo esa área. Esto simplifica y agiliza el proceso de comunicación del liderazgo, lo que permite a los miembros dejar de lado sus opiniones y asegurar que todos en la iglesia se están yendo en la misma dirección.

Una vez que se completa por segunda vez el cuestionario (generalmente un año después del primero), la iglesia puede identificar otro factor mínimo, que luego sería abordado por los líderes y los miembros por igual. El proceso puede seguir siempre y cuando la iglesia local perciba que los resultados son espirituales y relevantes. Hay algunas iglesias que han utilizado el cuestionario anualmente durante diez años, y los resultados son consistentes: hay crecimiento, la iglesia está unida en una misma dirección, y el liderazgo y los miembros siempre conocen el énfasis actual para el crecimiento y desarrollo de la iglesia. Tal es el poder de una herramienta de evaluación espiritualmente desarrollada y aplicada.

INCONVENIENTES Y PREOCUPACIONES

Se puede plantear la preocupación de que estos perfiles son técnicos y no espirituales, como se mencionó anteriormente. Yo diría lo contrario. El perfil de DNI es simple e involucra estrategias eclesiásticas en aspectos de la vida de la iglesia y la comunidad que no violan ningún principio bíblico. ¿Qué podría estar mal con una iglesia que aborda su deficiencia de evangelismo orientado a las necesidades? ¿Cuál es el daño en cualquier iglesia que trabaje para mejorar las relaciones amorosas entre los miembros? ¿Cuál podría ser el daño causado a medida que los miembros identifiquen sus dones espirituales y determinen, con la ayuda del liderazgo, cómo se pueden expresar esos dones individuales en la iglesia local y más allá?

Mientras los líderes y los miembros traten de aplicar los resultados con la ayuda del Espíritu, no veo cómo este proceso no puede hacer otra cosa que ayudar a la iglesia local. Lo peor que puede suceder es que el liderazgo o los miembros rechacen los resultados del cuestionario como intrascendentes bajo la dirección del Espíritu. Lo mejor que puede suceder es que habrá una definición coherente de fruto, liberando así el principio de Juan 15 de que los creyentes que dan frutos ilimitados en la voluntad de Dios. Otro posible beneficio es que el pueblo de Dios se mueva en una misma dirección como congregación.

Si los miembros y líderes asumen sus roles con humildad, las evaluaciones pueden ser utilizadas por Dios para dirigir y guiar. Recomiendo que cada uno aplique la lección de la siguiente parábola a medida que se acerca a cualquier herramienta de evaluación:

> Supongamos que uno de ustedes tuviera un sirviente arando o cuidando de las ovejas. ¿Le diría al sirviente cuando venga del campo, "Ven ahora y siéntate a comer"? ¿No preferiría decir: "Prepara mi cena, prepárate y espérame mientras como y bebo; después de eso puedes comer y beber"? ¿Agradecería al siervo porque hizo lo que se le dijo que hiciera? Así que ustedes también, cuando hayan hecho todo lo que se les dijo que hicieran, deben decir: "Somos siervos indignos; sólo hemos cumplido con nuestro deber" (Lucas 17:7-10).

El objetivo no es que nadie se sienta más que nadie acerca de su condición espiritual o progreso cuando se realiza la evaluación. Si bien puede haber motivos para alegrarse de que la gracia de Dios ha permitido cierto crecimiento espiritual y fruto, las herramientas de medición siempre deben utilizarse para abordar las deficiencias para que el creyente y la iglesia puedan estar creciendo y progresando en la voluntad de Dios.

Este ensayo no está escrito con la intención de defender o vender ningún cuestionario o herramienta de evaluación. Se presenta con la esperanza de que estas herramientas se vean como posibles ayudas para mejorar la comunicación del liderazgo y la participación de los miembros en los esfuerzos locales de la iglesia. Como se mencionó en el ensayo anterior, Collins escribió que lo que hacemos en las personas (e iglesias) es casi imposible de medir. Sin embargo, eso no nos exime de tratar de medir y evaluar nuestro crecimiento y progreso.

EN CONCLUSIÓN

Sin algunas herramientas que nos permitan evaluar nuestro estado espiritual, ya sea individual o corporativo, estamos condenados a repetir los mismos errores de acuerdo con el mismo conocimiento y entendimiento limitados que ha restringido u obstaculizado nuestro caminar o progresar en el Señor hasta ese momento. Nuestro crecimiento será limitado y no tan rápido como cuando usemos una herramienta que planteó preguntas espirituales para que podamos obtener respuestas espirituales que antes no se veían. Obtener conclusiones con las que podemos estar en desacuerdo es una situación mejor que dejar a cada persona ofreciendo sus sugerencias y opiniones para su propio estado espiritual o la condición de su iglesia local.

No rehuyamos nuestros intentos de medir el crecimiento espiritual e identificar las mediciones del discipulado. Creo firmemente que a medida que procuramos aplicar los resultados de cualquier evaluación, el Señor nos ayudará a descubrir e identificar puntos ciegos y áreas de gran oportunidad para conocerlo mejor y llegar a ser más semejantes a Él. A partir de ahí, nuestro fruto sólo estará limitado por nuestra fe, el don de Dios y Su propósito para cada vida.

APÉNDICE SIETE

UNA VISIÓN BÍBLICA DEL CRECIMIENTO Y EL INCREMENTO

La Biblia habla constantemente del incremento en la vida del individuo y en la vida de la iglesia. Sin embargo, ¿cómo podemos medir ese crecimiento? ¿Y en qué áreas buscamos hacerlo? Esos son los desafíos para el individuo y los líderes al procurar "seguir obrando [su] salvación con temor y temblor, porque es Dios quien obra en [ellos] para voluntad y para actuar de acuerdo con su buen propósito" (Filipenses 2:12-13). Discutimos estos temas en los dos ensayos anteriores. Echemos un vistazo a una parábola y luego enumeremos algunos otros versículos para que los consideres por tu cuenta. La parábola es del evangelio de Mateo:

> El reino de los cielos es como un hombre que, yéndose lejos, llamó a sus siervos y les entregó sus bienes. A uno dio cinco talentos, a otro dos y a otro uno, a cada uno conforme a su capacidad; y luego se fue lejos. El que recibió cinco talentos fue y negoció con ellos, y ganó otros cinco talentos. Así mismo el que recibió dos, ganó también otros dos. Pero el que recibió uno hizo un hoyo en la tierra y escondió el dinero de su señor.

Después de mucho tiempo regresó el señor de aquellos siervos y arregló cuentas con ellos. Se acercó el que había recibido cinco talentos y trajo otros cinco talentos, diciendo: "Señor, cinco talentos me entregaste; aquí tienes, he ganado otros cinco talentos sobre ellos." Su señor le dijo: "Bien, buen siervo y fiel; sobre poco has sido fiel, sobre mucho te pondré. Entra en el gozo de tu señor." Se acercó también el que había recibido dos talentos y dijo: "Señor, dos talentos me entregaste; aquí tienes, he ganado otros dos talentos sobre ellos." Su señor le dijo: "Bien, buen siervo y fiel; sobre poco has sido fiel, sobre mucho te pondré. Entra en el gozo de tu señor." Pero acercándose también el que había recibido un talento, dijo: "Señor, te conocía que eres hombre duro, que siegas donde no sembraste y recoges donde no esparciste; por lo cual tuve miedo, y fui y escondí tu talento en la tierra; aquí tienes lo que es tuyo." Respondiendo su señor, le dijo: "Siervo malo y negligente, sabías que siego donde no sembré y que recojo donde no esparcí. Por tanto, debías haber dado mi dinero a los banqueros y, al venir yo, hubiera recibido lo que es mío con los intereses. Quitadle, pues, el talento y dadlo al que tiene diez talentos, porque al que tiene, le será dado y tendrá más; y al que no tiene, aun lo que tiene le será quitado. Y al siervo inútil echadlo en las tinieblas de afuera; allí será el lloro y el crujir de dientes." (Mateo 25:14-30)

Una parábola es una historia que contiene una moraleja o una lección. Debemos tener cuidado de no sobre analizar los detalles en ninguna parábola, a menos que Jesús mismo los haya explicado, como hizo en la parábola del hijo pródigo y la parábola del sembrador. En el caso de esta parábola en Mateo 25, el enfoque no se centra en el número de talentos, el amo o los siervos. La lección es simple: Dios espera un incremento. ¿Cuánto incremento? Parece que no importa. Sólo espera un incremento. El que tuvo miedo y no logró ningún incremento fue condenado. No debes evaluar esta historia sobre si es justo o no condenar a quien no crece. Es una historia con un énfasis exageradamente claro: Dios quiere crecimiento.

A continuación se presentan algunas otras exhortaciones bíblicas que hablan de incremento y crecimiento en nuestro caminar con el Señor y unos con otros. La pregunta no es si debemos o no aumentar y crecer, sino cómo podemos saber si lo estamos haciendo o no. ¿Cuáles son las mediciones aceptables de nuestro discipulado y de nuestra obra eclesiástica? Espero que puedas usar estos versículos para tu propio estudio personal o para llevar a los demás a una mejor comprensión de cuán importante es el crecimiento y el fruto desde la perspectiva de Dios.

- Y esto pido en oración: que vuestro amor abunde aún más y más en conocimiento y en toda comprensión, para que aprobéis lo mejor, a fin de que seáis sinceros e irreprochables para el día de Cristo, llenos de frutos de justicia que son por medio de Jesucristo, para gloria y alabanza de Dios. (Filipenses 1:9-11).

- Y poderoso es Dios para hacer que abunde en vosotros toda gracia, a fin de que, teniendo siempre en todas las cosas todo lo necesario, abundéis para toda buena obra (2 Corintios 9:8).

- Así podréis andar como es digno del Señor, agradándolo en todo, llevando fruto en toda buena obra y creciendo en el conocimiento de Dios. Fortalecidos con todo poder, conforme a la potencia de su gloria, obtendréis fortaleza y paciencia y, con gozo, daréis gracias al Padre que nos hizo aptos para participar de la herencia de los santos en luz. (Colosenses 1:10-12).

- Así que ni el que planta es algo ni el que riega, sino Dios que da el crecimiento. (1 Corintios 3:7).

- No nos gloriamos desmedidamente en trabajos ajenos, sino que esperamos que conforme crezca vuestra fe seremos muy engrandecidos entre vosotros, conforme a nuestra regla. Así anunciaremos el evangelio en los lugares más allá de vosotros, sin entrar en la obra de otro para gloriarnos en lo que ya estaba preparado (2 Corintios 10:15-16).

- Antes bien, creced en la gracia y el conocimiento de nuestro Señor y Salvador Jesucristo. A él sea gloria ahora y hasta el día de la eternidad. Amén. (2 Pedro 3:18).

- Por lo demás, hermanos, os rogamos y exhortamos en el Señor Jesús que, de la manera que aprendisteis de nosotros cómo os conviene conduciros y agradar a Dios, así abundéis más y más. (1 Tesalonicenses 4:1).

- Y también lo hacéis así con todos los hermanos que están por toda Macedonia. Pero os rogamos, hermanos, que abundéis en ello más y más. (1 Tesalonicenses 4:10).

- Debemos siempre dar gracias a Dios por vosotros, hermanos, como es digno, por cuanto vuestra fe va creciendo y el amor de todos y cada uno de vosotros abunda para con los demás. (2 Tesalonicenses 1:3).

"Quitadle, pues, el talento y dadlo al que tiene diez talentos, porque al que tiene, le será dado y tendrá más; y al que no tiene, aun lo que tiene le será quitado. Y al siervo inútil echadlo en las tinieblas de afuera; allí será el lloro y el crujir de dientes." (Mateo 25:28-30). (La lección de esta parábola es que Dios espera crecimiento, no mantener el status quo.)

- Y el Señor añadía cada día a la iglesia los que habían de ser salvos. (Hechos 2:47).

- Y de los demás ninguno se atrevía a juntarse con ellos; sin embargo, el pueblo los alababa grandemente. Los que creían en el Señor aumentaban más, gran número de hombres y de mujeres (Hechos 5:13-14).

- La palabra del Señor crecía y el número de los discípulos se multiplicaba grandemente en Jerusalén; también muchos de los sacerdotes obedecían a la fe. (Hechos 6:7).

- Por esto mismo, poned toda diligencia en añadir a vuestra fe virtud; a la virtud, conocimiento; al conocimiento, dominio propio; al dominio propio, paciencia; a la paciencia, piedad; a la piedad, afecto fraternal; y al afecto fraternal, amor.

- Si tenéis estas cosas y abundan en vosotros, no os dejarán estar ociosos ni sin fruto en cuanto al conocimiento de nuestro Señor Jesucristo. (2 Pedro 1:5-8).

Estos versículos demuestran más allá de cualquier duda razonable que Dios requiere y espera un aumento y crecimiento en todas las áreas de la vida, trabajo y ministerio.

NOTAS PARA LOS APÉNDICES

[1] Neil Postman, *Technopoly: The Surrender of Culture to Technology*, 1992, Vintage Books, NY, 125-126.

[2] *Ibid.*, páginas 140-141.

[3] Jim Collins, *Good to Great and the Social Sectors: A Monograph to Accompany Good to Great*, published by Jim Collins, 2005, páginas 7-8.

[4] he administrado una serie de perfiles en los entornos de la iglesia y los he encontrado invaluables, ya que proporcionan un lenguaje común para que los miembros y los trabajadores se entiendan entre sí y aprecien las diferencias dadas por Dios de un creyente a otro. Incluyen el perfil de retroalimentación de 360 grados de The Leadership Circle, el Perfil de Personalidad que involucra los perfiles DICO, EQUIPOS y VALORES, el *Perfil Birkman* y uno llamado *Su Grip de Liderazgo*.

[5] Christian Schwarz, *The 3 Colors of Ministry: A Trinitarian Approach to Identifying and Developing Your Spiritual Gifts*, ChurchSmart Resources: St. Charles, IL, 65-86.

[6] Randy Frazee, *The Christian Life Profile Assessment Tool Workbook: Discovering the Quality of Your Relationships with God and Others in 30 Key Areas*, Zondervan: Grand Rapids, Michigan, 2006, 32-43.

[7] Christian Schwarz, *Natural Church Development: A Guide to Eight Essential Qualities of Healthy Churches*, ChurchSmart Resources: St. Charles, IL 2006, 18-48.

[8] *Ibid.*, página 7.

www.ingramcontent.com/pod-product-compliance
Lightning Source LLC
LaVergne TN
LVHW051549070426
835507LV00021B/2478